発達をサポートする
心をつなぐ

学習・運動が
好きになる

1日**5分**！
眼と体を楽しく動かす

ビジョン
トレーニング・
ワークブック

視機能トレーニングセンター
Joy Vision 代表
米国オプトメトリー・ドクター
北出勝也 監修

ナツメ社

【 はじめに 】

　昔は子どもたちは外で体を大きく動かし広い場所で遊びまわったり、室内でお手玉やけん玉、折り紙や指先を細かく動かす遊びをしながら、**眼と体の力**を鍛えることができていました。

　ところが、スマホや携帯型ゲームの遊びが中心となり、小さい画面の中でしか、遊ばなくなり、子どもたちの眼と体を動かす機会は減ってきました。その結果、眼と体をうまく動かすことが難しい子が増え、本の行をスムーズに眼で追っていくことが難しいとか、書き写しが難しいとか、あるいはボールをしっかり眼で追って受けたり運動したりすることが難しい子どもたちが増えています。

　眼と体を動かす力というのは学習・運動を行ううえで大切な土台となります。というのも、眼と体を意識的に動かすと、脳の司令塔の前頭葉が鍛えられるからです。

　小学校に希望に満ちて入学してから、いろいろな難しいことに直面し、そのことが原因で、勉強や学校が嫌いになってしまったり、自分がだめな人と思ってしまったりすると、せっかくもっている素晴らしい力も発揮できなくなってしまいます。**昔遊びの代わりになるようなビジョントレーニング**が、今注目されているのは、そんな現代社会の問題に対する危機感があるからかもしれません。

　学校でも、ビジョントレーニングを取り入れているところも増えてきています。毎日少しずつでも、このワークブックの中から、昔遊びのように楽しく実践していただくことで、子どもたちの本来もっている力が発揮されるようになり、自尊感情を高めていくきっかけとなりますように願っています。

視機能トレーニングセンター Joy Vision（ジョイビジョン）代表
米国オプトメトリー・ドクター
一般社団法人　視覚トレーニング協会　代表理事

北出　勝也

「見えにくさ」のサイン

視力がよくても、「見えにくさ」を抱えている子どもがいます。毎日の生活の中で、下のような困りごとはありませんか？　もしかしたらそれは、「見えにくさ」のサインかもしれません。

☑ 本を読むとき、字や行を読み飛ばしたり、何度も同じ行を読んだりしてしまう

☑ 頭を動かしながら本を読む

☑ ていねいに書いても、字がとてもきたない

☑ 板書を写すのに非常に時間がかかる

☑ ものや人によくぶつかる

☑ ボールをうまくキャッチできないなど、球技が苦手

☑ はしやはさみをうまく使えないなど、手先が不器用

☑ 集中して見るのが苦手で、人の話を聞くときキョロキョロしている

ビジョントレーニングによって見る力を高めて、見えにくさを改善することができます。

【 この本の使い方 】

この本は3つのPARTで構成されています。

PART 1

理論編

"見る力"とは何か、"見る力"を高めるビジョントレーニングの取り入れ方を解説

PART 2

実践編

種類や難易度のバリエーション豊富なワークシート157枚

PART 3

解説編

ワークシートの活用法やレベルアップの方法などを解説

[別紙]……切り離して使える「テングラム・パズル型紙」「スティック・パズル型紙」

ワークシートの活用法

このワークシートを使って行うトレーニングの方法が書かれています。

このワークについての解説があるページを示しています。

お子さんが興味のあるところから楽しんで始めましょう。

ワークは、同じ種類をまとめ、その中ではやさしいものから難しいものへと順に並べています。興味のあるところから、取り組みましょう。

コピーを取って繰り返し使いましょう！

ワークをした日を書き入れると、充実感があり、お子さんのやる気も生まれます。

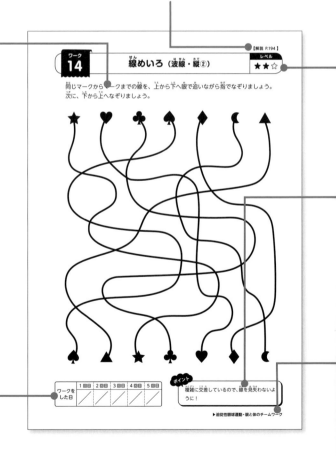

ワーク 14

【解説 P.194】

レベル ★★☆

線めいろ（波線・縦②）

同じマークから ワークまでの線を、上から下へ眼で追いながら指でなぞりましょう。
次に、下から上へなぞりましょう。

ワークをした日	1回目	2回目	3回目	4回目	5回目
	/	/	/	/	/

ポイント
複雑に交差しているので、線を見失わないように。

▶追従性眼球運動・眼と体のチームワーク

解説編をこう活用して！

　この本では、各ワークシートに、やり方が示されています。その指示に沿ってどんどんやってみてください。

　もし、やり方がわからないときや難しいと感じるとき、また、難易度の高いワークに挑戦したいときは、解説編の該当するページを読んでみてください。お子さんの「やる気度」をアップするコツや、ワークを120％活用するヒントをたくさんのせています。

難易度は3段階。

⇒★☆☆⇒★★☆⇒★★★

★1つのやさしいものから、ていねいに始めて、徐々に難しいものに、挑戦していきましょう。

コツやポイントをつかんで効果を高めましょう。

トレーニング効果を高めるポイントやお子さんが興味をもって取り組めるコツを紹介しています。

育つ視覚機能を示しています。

◆ 追従性眼球運動　　◆ 眼と体のチームワーク
◆ 跳躍性眼球運動　　◆ 視空間認知
◆ 両眼のチームワーク

【 もくじ 】

PART 1 理論編 「見る力」の大切さと ビジョントレーニングの効果

PART 2 実践編 ビジョントレーニング ワークシート

PART 3 解説編 ワークシートの上手な使い方

「見る力」の大切さと ビジョントレーニングの効果

「見る力」は、日常生活はもちろん、読み書きや運動、手先を使った作業など、学習面においても大切な視覚機能です。PART 1では、見るために必要な機能や、「見る力」を高めるビジョントレーニングの効果を紹介します。子どもの「見る力」が育ち、「苦手」や「不器用」を克服できれば、さまざまなことに積極的に取り組めるようになるでしょう。

読み書きが不得意、運動が苦手、不器用……

「見えにくさ」が原因かも

「見えにくさ」って何？

「ものが見えにくい」というと、視力が低下しているのが原因だと考える人がほとんどだと思います。確かに近視や遠視など、視力に問題があれば、ものが見えにくくなります。一方で、視力は悪くないのに、3ページで紹介したような「見えにくさ」の問題を抱えている子どももいます。視力は「見る」ために必要な力の一つにすぎないからです。

一般的に視力とは、眼も、見る対象物も静止した状態で、ものを見分ける能力です。けれども、日常生活の中では動くものを眼でとらえたり、書かれた文字を眼で追ったりする力も必要です。また見たものの形や色、位置を見分ける力もいるでしょう。こういったさまざまな見る機能のうち、一つでもうまく働かない部分があ

れば、見る力が十分とはいえません。それが、見えにくさを引き起こす原因になるのです。

視力には問題がないのに「見えにくさ」を抱えている子もいる

どこを読んでたっけ……

「見えにくさ」が子どものやる気を奪う

見る力に問題がある子どもは、ものが二重に見える、視点が定まりにくいなどの「見えにくさ」が生じます。その結果、生活の中でさまざまなことが苦手になります。読むことや書くことに苦労したり、運動や手先を使った作業がうまくできなかったりするのです。

また、見えにくさを抱えたままでは、いくら

努力しても苦手を克服することは難しいため、「自分はだめなんだ」「一生懸命やっても無駄だ」と自信をなくしてしまうことも。結果、勉強や運動、遊びなど、ものごとに対するやる気も失ってしまいます。見えにくさを放っておくと、子どもからさまざまな経験や可能性を奪うことにもつながってしまうのです。

「見えにくさ」が引き起こす問題

　3ページで紹介した以外にも、「見えにくさ」を抱える子どもには、以下のような様子が見られることがあります。

＜見るのが苦手＞

- □ 読み書きや工作などの作業に集中できない
- □ しきりにまばたきをしたり、眼をこすったりする
- □ 探しものをうまく見つけられない（よくものをなくす）
- □ 図形の問題が苦手
- □ 定規の目盛りを読むのが苦手

＜読むのが苦手＞

- □ 文字の読み間違いが多い
- □ 本を読むのに異常に時間がかかる
- □ 音読するとき、読んでいるところがわからなくなる
- □ 算数の文章題が理解できず、答えられない

＜書くのが苦手＞

- □ 文字を覚えるのに時間がかかる。または覚えられない
- □ 文字の書き間違いが多い
- □ よく鏡文字を書く
- □ うまく描けない図形がある

＜見たものに合わせて体を動かすのが苦手＞

- □ 文字を書くときマスや行からはみ出す
- □ はさみで切る、ボタンをはめる、ひもを結ぶ、楽器を演奏するなどの手先を使った作業が苦手
- □ 体操やダンスが覚えられない
- □ 右と左をなかなか覚えられない。方向音痴

▼

原因となっている「見えにくさ」を抱えたままだと、いくら努力してもうまくできない

▼

子どものやる気や可能性を奪うことも……！

本人も周りも気づきにくいので注意

　見えにくさの問題がやっかいなのは、本人でさえ気づきにくいところです。見えにくさは他人と比べることができません。また、小さいころから見えにくさを抱えていれば、それが当たり前になっているため、見え方の問題に気づかないのです。

　親や教師など周囲にいる大人も、子どもがもつ読み書きや運動の問題が、見えにくさから来るものだと気づかない場合がほとんどです。そのため、「まじめにやりなさい」「できないのは努力が足りないからだ」という間違った指導をしてしまうケースもあります。それが、子どもの自信ややる気をさらに失わせてしまうことになります。

　反対に、子どもの見えにくさに気づいて、適切な訓練（ビジョントレーニング）を行えば、見る力は必ずアップします。それが子どもの苦手克服の助けにもなります。

なぜ、見え方に問題が起こる?
「見えにくさ」の正体

「見る」ために必要なさまざまな機能

見えにくさが起こる原因を理解するために、まず、「見る」ための機能やそのメカニズムを大まかに押さえておきましょう。ものを見る機能として、真っ先に思い当たるのは視力だと思います。10ページでも説明した通り、一般的な検査で調べられる視力は、止まっているものの単純な形を見分ける力です。しかし、見るために必要な機能は視力だけではありません。

視界を広く見る機能（視野）も必要ですし、見たいものに視線とピントを合わせる機能（眼球運動、調節）も必要でしょう。また眼から入った情報を正しく認識して、手や体と連動させるために必要な脳の働き（視空間認知、眼と体のチームワーク）も、見る機能の一つです。これら視覚にかかわるすべての機能が「見る力」となります。見る力が十分にある人は、さまざまな見る機能が正常に連携して働いているのです。

「見る」ために必要なさまざまな機能

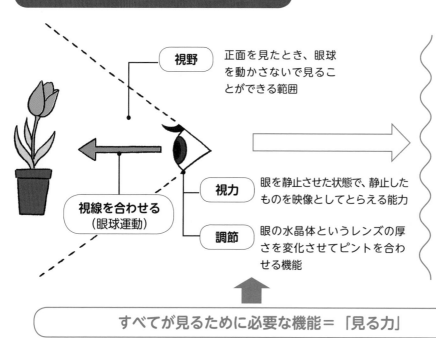

視野 正面を見たとき、眼球を動かさないで見ることができる範囲

視線を合わせる（眼球運動）

視力 眼を静止させた状態で、静止したものを映像としてとらえる能力

調節 眼の水晶体というレンズの厚さを変化させてピントを合わせる機能

赤いチューリップだ

脳の働き
・ものの形や位置などを把握する（視空間認知）
・見たものに合わせて体に司令を出す（眼と体のチームワーク）

すべてが見るために必要な機能＝「見る力」

見るプロセスと見えにくさ

　見る機能（見る力）は、大きく３つのプロセスに分けることができます。それが①入力→②視覚情報処理→③出力です。

　はじめの「入力」は、眼から情報を取りこむ段階です。眼でとらえたものを映像として取りこみます。その次の「視覚情報処理」では、眼から得た映像の情報を脳で分析し、そのものが何

かを認識します。そして最後の「出力」では、脳で処理した情報をもとに、的確に体を動かします。

　この３つのプロセスが１つでも欠けたり、うまく連動しなかったりすると、それが「見えにくさ」の原因になります。読み書きが苦手、不器用といった困りごとを引き起こします。

見る機能の３つのプロセス

1 入力
眼で映像をとらえる

　「見る」ためには、まず眼から対象物の情報を取り入れる必要があります。これが入力です。

　入力に必要な機能には、視力やピントを合わせる調節機能のほか、眼球をすばやく動かして見たいものに視点を合わせる眼球運動があります。

「眼球運動」の詳しい説明は **14ページへ**

2 視覚情報処理
見たものを認識する

ボールだ！
大きさは？　速さは？
距離は？
よける？　取る？

　眼から入力された映像情報は脳へ送られ、情報処理が行われます。映像情報を分析し、眼でとらえたものの色や形、大きさ、空間的な位置などを認識するのです。

　このように、見たものの形や状態を正しく認識する機能を「視空間認知」といいます。

「視空間認知」の詳しい説明は **16ページへ**

3 出力
見たものに合わせて体を動かす

キャッチ

　眼で見たものを正しく認識できたら、その情報に合わせて脳が体に司令を出します。これが出力です。例えば、眼で確認したものを手に取ったり、よけたりできるのはこの出力機能が適切に働いているから。このような視覚と体の動きを結ぶ一連の機能を「眼と体のチームワーク」といいます。

「眼と体のチームワーク」の詳しい説明は **18ページへ**

３つのプロセスのうち、１つでも正常に機能しなかったり、それぞれがうまく連動しなかったりすると「見えにくさ」が起こる

見る力に必要な機能とトレーニング①
「眼球運動」

眼で映像をとらえるのに必要な3つの働き

見る機能の3つのプロセス「入力」「視覚情報処理」「出力」には、それぞれに重要な役割を担う機能があります。1つ目の「入力」にかかわるのが「眼球運動」です。

ものを見るとき、私たちの眼は無意識に動いて、見たいものに視線を合わせることができます。この眼の動きが眼球運動です。その働きは、①追従性眼球運動、②跳躍性眼球運動、③両眼のチームワークの大きく3つに分類できます。

1 追従性眼球運動 ➡ ものを眼で追う動き

眼球だけをなめらかに動かして、見たいものに視線を合わせる運動のことです。形のりんかくや動いているものを眼で追うなどに使います。また、1点をじっと見つめるのは、動きがゼロの追従性眼球運動になります。

追従性眼球運動に問題があると、見たいものに視線を合わせておくことができず、途中で対象物を見失ってしまいます。

1点をじっと見る

この働きが
弱いと……

● 文字や図形をきれいに書けない
● はさみを使って切ったり、折り紙を折ったりするのが苦手
● 球技が苦手　　　　　　など

漢字の書き順を眼で追う

動いているボールを眼で追う

眼球運動トレーニングの内容は？

3つの眼球運動それぞれを鍛えるトレーニングがあります。繰り返し行うことで、正確にすばやく眼で映像をとらえられるようになります。

追従性眼球運動トレーニング

線や迷路を手でなぞったり、眼で追ったりする練習。

跳躍性眼球運動トレーニング

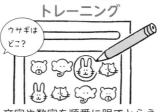

文字や数字を順番に眼でとらえたり、たくさん並んだ絵から指示されたものを探したりする練習。

両眼のチームワークトレーニング

寄り目や離し目を持続させるなど、両眼を同時に動かす練習。

② 跳躍性眼球運動 ➡ 視線をジャンプさせる動き

ある1点から別の1点へ、すばやく眼球を動かして視線を合わせる運動のこと。目の前にあるものの中から、自分が見たいものを探し出し、その対象物だけをピンポイントにとらえる機能です。

黒板とノートを交互に見たり、文節ごとに視線を飛ばしたり、行の最後から新しい行の頭に視線を移したりするときなどに必要です。

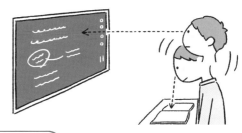

この働きが弱いと……
- 本を読むとき、行や文字を読み飛ばす
- 板書を写すのが遅い
- 探しものが苦手

③ 両眼のチームワーク ➡ 両眼を寄せたり、離したりする動き

私たちの眼は、距離に合わせて自動的にピントを合わせることができます。近くのものを見るときは両眼を寄せて（寄り眼）、遠くのものを見るときは眼を離して（離し眼）、焦点を合わせているのです。これを両眼のチームワークといいます。

この働きが未熟だと、ものが二重に見えたり、ものとものが重なって見えたりします。

この働きが弱いと……
- ものが二重に見える
- よくものにぶつかる
- 眼が疲れやすい

近くのものを見る

近くのものを見るときは寄り眼、遠くのものみるときは離し眼に

遠くのものを見る

見る力に必要な機能とトレーニング②
「視空間認知」

記憶力や運動能力にもかかわる機能

眼でとらえた映像の情報を脳へ送り、そのものの形状を正しく認識する働きです。ただの点と線の集まりだった情報から、ものの形や色、大きさ、距離などが具体的にイメージできるようになるのです。このような働きを「視空間認知」といいます。

視空間認知は、①図と地を区別する働き、②形や色を把握する働き、③仲間を見分ける働き、④空間的な位置を把握する働きの大きく4つに分けられます。

1 図と地を区別する働き

見たいもの（図）と背景（地）を区別する働きです。教科書の中から特定の単語を探し出したり、町中で信号や看板などを見つけたりできるのも、この働きがあるから。視界に入るたくさんの視覚情報から、ほしいものだけを選び出すために必要です。

この働きが弱いと……
● 文字を読むのが苦手
● よくものをなくすし、探しものも苦手
● よく道に迷う　　　　　　　　　　など

探している本＝「図」

見つけた！

その他の本＝「地」

2 形や色を把握する働き

眼でとらえたものの形（りんかく）や色を正しく認識する働きです。形や色が同じもの、または違うものを区別するために必要です。

この働きが弱いと……
● 図形の問題やパズルが苦手
● お絵かきやぬり絵が苦手　　など

これだ！

視空間認知トレーニングの内容は？

視空間認知は、見たものの形や大きさ、位置などを正しく認識する力。「ものを見て、触って、動かす」という動作を繰り返すことで発達します。ビジョントレーニングでは主に、見本の形を記憶して、絵やパズルで再現する練習を行います。また、覚えた形を頭の中で回転させるなど、イメージ操作の訓練も行います。

3　仲間を見分ける働き

ものの大きさや色、向き、位置などに惑わされず、同じ形を「同じだ」と理解する働き。例えば、「よ」と「ょ」、「つ」と「っ」が同じ文字だとわかったり、正三角形や二等辺三角形などさまざまな三角形を見て、同じ三角形の仲間だと理解したりするのに必要な働きです。

この働きが弱いと……
● 文字の形を覚えるのが苦手
● 人の顔が覚えられない　　など

4　空間的な位置を把握する働き

眼でとらえた映像を分析して、見たものの立体像や大きさ、上下・左右などの向き、自分から見た方向や距離などを認識する働きです。ものを手に取ったり、よけたりするときに必要です。

この働きが弱いと……

● 人やものによくぶつかる
● 球技が苦手
● 着替えに時間がかかる　　など

距離　大きさ　立体像　向き

見る力に必要な機能とトレーニング③
「眼と体のチームワーク」

「見る」と「体を動かす」は連動している

　私たちは常に、眼、耳、舌、鼻、皮膚を通した五感（視覚、聴覚、味覚、嗅覚、触覚）を使って、外の世界の情報を収集し、周りの状況を分析しています。五感が私たちの反応や行動を決める大切な情報源なのです。なかでも、人が得る情報の約8割は、視覚からといわれています。

　朝起きてからの行動を振り返ってみてください。「ドアノブをつかんで扉を開ける」「階段を下りる」「はしで食べ物をつかむ」「洋服を選

んで、着替える」など、私たちは眼から得た情報に合わせて、体を動かしていることがわかるでしょう。つまり、「眼から情報を得る（入力）」→「脳が情報を分析して、体へ指令を出す（視覚情報処理）」→「体を動かす（出力）」という見る機能の3つのプロセスがうまく働くことで、私たちは適切に体を動かすことができているのです。このように眼と体が連動する働きを「眼と体のチームワーク」といいます。

眼と体のチームワークとは？ ➡ 眼と体が連動するプロセス

① 眼の働き
信号を見る

道を渡りたいとき、信号や横断歩道など、必要な情報を眼でとらえ、映像として脳へ送る。

② 脳の働き
見たものを認識する／体に指令を出す

眼から送られてきた情報を分析。信号機や横断歩道を認識したり、その色や位置、距離などを把握して、体に指令を出す。

眼と体のチームワークトレーニングの内容は？

眼と体のチームワークを伸ばすには、眼から得た情報に合わせて、体を動かすことを繰り返し、眼と脳と体がスムーズに連動するように訓練する必要があります。ビジョントレーニングでは、線や迷路を指や鉛筆を使ってなぞったり、見本の通りに体を動かしたりします。

この眼と体のチームワークがうまく機能すると、飛んできたボールをキャッチしたり、道具を使って打ち返したり、動くものにすばやく反応したりできるようになります。味方にボールをパスしたり、ゴールにシュートを入れたりするのもうまくなるでしょう。

スポーツ以外にも、文字を書いたり、定規やコンパスなどの道具を使ったり、工作や裁縫など手先を使ったりするときにも必要な機能です。眼と体のチームワークは、学習や日常生活での動作、すべてにかかわっている働きといえるでしょう。

この働きが弱いと……
● 文字がきれいに書けない
● 手先が不器用
● 球技やダンスが苦手

③ 体の働き

正しい位置に止まる

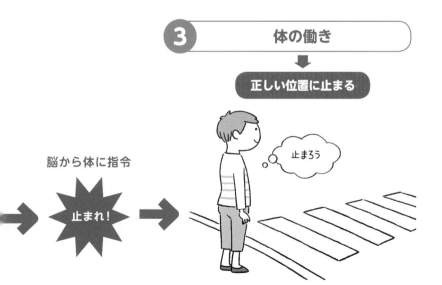

脳から体に指令

止まれ！

脳から送られた司令に従って体が動き、横断歩道の前で立ち止まる。

このような「眼の働き」→「脳の働き」→「体の働き」という一連の動作を、人は無意識に、瞬時に行っています。一方で、眼や脳、体はそれぞれ正常に働いていても、この３つがうまく連動していないケースもあります。その結果、文字がうまく書けなかったり、運動や手先を使った作業が不得意だったり、たくさんの苦手を抱えている子どももいます。

トレーニングの前に行おう!
眼のウォーミングアップ

眼の疲れを防ぐ効果あり

　ビジョントレーニングを行う前には、スポーツをするときと同じように、準備体操を行うことをおすすめします。日常生活よりも大きく眼を動かすため、ウォーミングアップしておかないと眼が疲れやすくなるからです。①～③の体操をすべて行うのがベストですが、②と③は慣れないと難しいので、コロコロキャッチ、お手玉タッチを行いましょう。

① 近くと遠くを見つめる練習

　眼の前におもちゃなどを置いて3秒間じっと見つめた後、手で持って3秒間じっと見つめる。次に窓から、遠くにあるもの（建物や看板、木など）を3秒間じっと見つめる

② 眼のストレッチ

　眼を上下・左右・左上右下・右上左下と動かした後、眼を左回り、右回りに回す。

眼を上下・左右・斜めに動かす

眼をグルッと回す

※反対回しも行う

③ 眼と首の運動

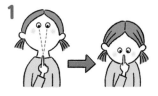

眼の前に立てた人さし指を見つめたまま、顔を動かす。まず、人さし指を見つめたまま顔を上へ向け、次に顔を下に向ける。

顔を右へ向けたり、左へ向けたりする。

頭を左右に倒す。

頭をグルッと回転させる。

20

こんな眼の運動も効果的！

準備体操としてだけでなく、追従性眼球運動や眼と体のチームワークのトレーニングにもなる運動も紹介します。

視線の運動

1

利き手にペンを持って、顔の周りにゆっくり円を描き、そのペンの先を眼で追う。1周で10秒程度を目安に。反対回りも同様に行う。

2

顔の前で、ペンを右から左へ、左から右へとゆっくり動かし、そのペン先を眼で追う。往復で10秒くらいを目安に。同様に、ペンを上下、斜めに動かして行う。

お子さんが自分でペンを動かして行うことが難しい場合、大人がしてあげてください。

コロコロキャッチ

大人が机の端から反対側に向かってスーパーボールを転がす。子どもは机から落ちると同時に、ボールを手でキャッチする。1分くらい続けて行う。

取れた！

慣れてきたら……

スーパーボールを2個連続、3個連続で転がしてキャッチするトレーニングも行おう！

お手玉タッチ

ひもをつけたお手玉を、大人が子どもの頭の上で揺らす。子どもはお手玉の動きをよく見て、指でタッチする。10回タッチする。

お手玉に、手芸用のひもやビニールひもを結びつける。

慣れてきたら……

グーでパンチしたり、ひざやひじでタッチしたり、さまざまなやり方でタッチしてみよう！

日常生活の中でできる
見る力を伸ばす生活習慣

眼と体を動かす機会を増やそう

本来、見る力は毎日の生活の中で、遊びやさまざまな体験を通して身につけていくものです。日常生活の中で、眼を大きく動かしたり、眼で見たものに合わせて体を動かしたりする機会を意識的に増やして、習慣にしていきましょう。そうすれば、子どもの見る力はより一層、向上します。

ビジョントレーニングとともに、ぜひ、取り入れてほしい生活習慣をいくつかご紹介します。

遊び の習慣

ものをつくる

手遊びする

「眼で見て、体を動かす」遊びは、見る力のアップにつながります。キャッチボールやバドミントンなどの球技のほか、「アルプス一万尺」「ずいずいずっころばし」などの歌に合わせた手遊びもおすすめです。

また、ブロックを組み立てたり、プラモデルをつくったりなどの、ものをつくる遊びも◎。眼と手を同時に動かすトレーニングになりますし、できあがりをイメージすることで、視空間認知の訓練にもなります。親子で木工仕事をするのもよいでしょう。長さを図る、木を切る、釘を打つ、色を塗るなど、さまざまな作業を通して、見る力が鍛えられます。

散歩 の習慣

スマートフォンやゲームの小さい画面ばかりを見ていると、見る力は十分に育ちません。外に出て、遠くの景色を見たり、鳥や虫の動きを眼で追ったりして、眼を大きく動かす時間を増やしましょう。たくさんのものが並ぶスーパーで買い物したり、「パン屋さんの看板はどこにあるでしょう？」などとクイズを出しながら散歩したりするのも効果的です。

お手伝い の習慣

掃除

　掃除は、「眼を動かして、ゴミや汚れを見つける」「見つけた汚れやゴミを手で取り除く」という行動を通して、見る力を成長させることができます。

　例えば、床のほこりやゴミを掃除機で吸い取ったり、ぞうきんで床の汚れをふき取ったりするお手伝いをしてもらうとよいでしょう。

　見る力が徐々についてきたら、お風呂やトイレの掃除にも挑戦を。狭い空間で体の動きが制限されるので、難易度がアップします。

料理

　料理も、「眼で見て、手を動かす」作業がたくさんあるので、見る力を養うのにぴったり。例えば、「計量カップや料理用スケールの目盛りや数字を見て、材料を量る」、「ピーラーで野菜の皮をむく」「包丁で野菜を切る」といった作業を体験させるとよいでしょう。キッチンは刃物や火を使う場所なので、親子でいっしょに、けがなどに注意しながら行ってください。

　また、調理でなくても、配膳のお手伝いでも十分に効果があります。ご飯を茶碗によそったり、料理やお皿を決められた場所に配ったりするのを習慣にするとよいでしょう。

野菜の皮をむく・切る

材料を量る

ご飯をよそう・配る

洗濯物をたたむ

　「タオルの角と角を合わせてたたむ」「左右の靴下を探して組み合わせる」なども、眼を大きく動かしたり、目で見たものに合わせて手を動かしたりする作業になります。最初に、大人がたたみ方のお手本を見せてから、同じようにたたんでもらうようにしましょう。タオルなどのたたみやすいものから始めてください。

　もし、たたむのが難しければ、洗濯物の中から自分のものを選び出すだけでもよいでしょう。

見えにくさは改善できる!
ビジョントレーニングの効果

見る力が育ちにくい今

見る力は生まれつき備わっているものではありません。生まれて間もない赤ちゃんの視力は未熟で、ぼんやりとしか見えていません。そこから徐々に動くものを眼で追うようになったり、眼についたものに手を伸ばすようになったりします。さらに幼児期には、走り回る、ボールを投げる、取る、絵を描くといった遊びの中で、さまざまなものを見たり、触ったりしながら見る力を向上させていきます。一般的に子どもは、6歳くらいまでに見る機能の基礎を身につけます。

しかし、見る力を育む経験が少なければ、その発達に遅れが出てしまう場合もあります。今の子どもたちは昔に比べ、ボール遊びや追いかけっこ、虫とりなど屋外で遊ぶことが減り、反対に室内でゲームをしたり、スマートフォンで動画を見たりする時間が増えています。その結果、近くと遠くを交互に見たり、動くものに合わせて眼や体を動かしたりする機会が少なくなっています。こういった環境や生活習慣の影響で、見る力が十分に育たず、見えにくさを抱えてしまう子どももいます。

トレーニングで向上する「見る機能」

日常生活の中で見る力が十分に育たず、見えにくさの問題が起こったとしても、諦める必要はありません。視力や病気が原因でない「見えにくさ」は、ビジョントレーニングで改善できます。生まれてからさまざまな経験を積み重ねて見る力が育っていくように、適切な訓練を行うことで見るために必要な機能は徐々に向上します。

大切なのはその子に合ったトレーニングを続けて行うこと。まずは30ページからのチェックテストや、視覚に関する専門家(222ページ参照)による検査などをもとに、その子に必要なトレーニングを選びましょう。そして、毎日5〜15分続けてみてください。効果には個人差がありますが、毎日続ければ必ず変化があらわれます。

毎日5分のビジョントレーニングで「見えにくさ」が改善!

ビジョントレーニングで育つ「7つの力」

ビジョントレーニングは、ただ単に「見えにくさ」を改善するだけではありません。子どもの見る力がアップすれば、それに関連した7つの能力を伸ばすことができます。

3ページで紹介したように、見る力が弱くて見えにくさがあると、読み書きや運動、手先を使った作業など、さまざまなことが苦手になり

ます。では反対に、ビジョントレーニングで見る力が向上するとどうなるでしょうか。苦手が克服されて、勉強や運動などさまざまなことに積極的に取り組めるようになります。結果、今まで苦手だった分野の能力もぐーんと成長するのです。子どもの才能や可能性を大きく広げてくれるでしょう。

ビジョントレーニングで伸ばそう！ 7つの力

1 書（描）く力

- ☐ 文字や図形を正しく、形を整えて書（描）ける
- ☐ マス目や行からはみ出さずに書ける
- ☐ 短い時間で板書を写すことができる
- ☐ 筆算のとき、数字の位をそろえて書ける

2 読む力

- ☐ 文章を正しく、スムーズに読める
- ☐ 読み飛ばしや読み間違いをせずに音読できる
- ☐ 文章の意味を正確に把握できる
- ☐ 算数の文章問題を正しく理解して、解ける

3 つくる力（手先の器用さ）

- ☐ 直線や曲線に沿ってはさみで切ることができる
- ☐ 定規を使って長さを測ったり、線を引いたりできる
- ☐ 紙を折ったり、ひもを結んだり、ボタンをとめたりなど、手先を使った作業が苦手でなくなる

4 運動する力

- ☐ 飛んでくるボールを上手にキャッチできる
- ☐ ボールをラケットやバットに当てることができる
- ☐ ジャングルジムやうんていなどの遊具を怖がらなくなる
- ☐ 教師のお手本通りにダンスや体操ができる

5 集中力・注意力

- ☐ 授業の間、勉強や作業に集中できる
- ☐ 長い時間、読書を続けられる
- ☐ 整理整頓ができる
- ☐ ものにつまずいたり、ぶつかったりすることが減る

6 記憶力

- ☐ 数字や漢字を正しく覚えられる
- ☐ 覚えた文字をすぐに思い出せる
- ☐ 方向感覚が身につき、目的地までの道順を覚えられるようになる
- ☐ 探し物や忘れ物が減る

7 イメージ力

- ☐ 文字や図形の形を正しく把握できる
- ☐ 見本となるパズルの形を見て、同じようにつくることができる
- ☐ 上下左右を正しく認識できる
- ☐ ものとの距離感を正しく認識して、スムーズにつかんだり、よけたりできる

パフォーマンスアップにも効果！

ビジョントレーニングは大人にも効果的。毎日行うことで、パソコンの入力ミスが減ったり、疲れ目が改善したりする人も多くいます。見る力が落ちやすい高齢者にも適しています。また、現在、特に見えにくさを感じていない人でもトレーニングを続けることで、見る機能が高まります。スポーツ選手もパフォーマンスの向上に活用しています。

効果的な指導方法

楽しく続けられる工夫を!

子どものやる気や能力を引き出すコツは?

苦手なことに取り組むのには、根気や努力が必要です。「見えにくさ」を抱える子どもが、ビジョントレーニングに取り組む場合も同じ。ときには面倒になったり、つらく感じたりすることもあるでしょう。そんなとき、無理をさせる

のは逆効果。いやいやトレーニングに取り組んでも効果はありませんし、かえって苦手意識が強くなってしまいます。なるべく楽しく続けられるような環境づくり、雰囲気づくりを心がけることが大切です。

POINT 1 毎日決まった時間に

ビジョントレーニングは毎日続けることで、見る力が徐々に身についていきます。「朝ご飯の前に5分間」「お風呂に入る前に10分間」など、毎日決まった時間に行い、習慣にするのがベストです。

POINT 2 最初は好きなものを短時間

はじめは1日2〜3分程度の短い時間で終わらせて、ビジョントレーニングに慣れさせるところから始めましょう。遊び感覚で楽しんでできるトレーニングを選ぶことも大切です。

POINT 3 まずは大人がやってみせる

やり方は言葉で説明するだけでなく、大人が実際にやってみせたほうが理解しやすくなります。例えば、かるた、お手玉、けん玉などの昔遊びを一緒にやってみましょう。

POINT 4 飽きさせない工夫を

飽きずに続けられるように、ワークシートに好きなキャラクターのシールを貼ったり、視標(見る目印)に指人形を使ったり、好きな音楽をかけながら行ったりする工夫を。子どもの好きなものを取り入れるのがコツです。

学校でのビジョントレーニングの上手な取り入れ方は？

朝の会や授業中にみんなで

学校の場合、新たにビジョントレーニングのためだけの時間を確保するのは難しいでしょう。そこで、朝の会や授業の時間を使って行うことをおすすめします。例えば、毎日、朝の会の3～5分間を使って眼球運動を行ったり、国語や算数の授業のはじめにワークシートを使ったトレーニングを行ったりするとよいでしょう。教室の中にお手玉をつるしたり、パズルコーナーをつくったりする方法もあります。

うまくできない子に対しては……

クラスみんなでビジョントレーニングを行っていると、なかにはうまくできない子も出てくると思います。そういう見る力が十分に育っていない子どもに対しては、個別の対応が必要です。放課後などに、クラスで行っているよりも難易度の低いトレーニングを行うとよいでしょう。また、保護者に見えにくさの問題について理解してもらい、家でもトレーニングができるように、情報を提供することも必要です。

POINT 5　ごほうびや声かけでやる気を

毎回、子どものがんばりや成長を言葉にしてほめること。それが子どものやる気につながります。また、「トレーニングが終わったら一緒にお菓子を食べよう」などと、おやつやゲームなどのごほうびを用意するのもよいでしょう。

POINT 6　無理をさせない

子どものやる気がないときは無理強いせず、お休みしたり、時間を短縮したりしましょう。トレーニングの難易度も子どものレベルに合わせることが大切です。

POINT 7　ながらトレーニングも効果的

トレーニングの時間をつくるだけでなく、生活の中で気づいたときに訓練できる環境をつくるのも効果的。例えば、トイレやお風呂にワークシートを貼ったり、寝室の天井からお手玉をつるし、寝ながら手足でタッチできるようにしたりするとよいでしょう。

POINT 8　環境や道具に配慮する

トレーニングがしやすい環境や道具を整えましょう。照明の明るさ、筆記用具の色、机やいすの高さなどに配慮して、子どもの見えにくさを補います。

照明の明るさは明るすぎたり、暗すぎたりしないか、手元が陰になっていないか

ワークシートの文字の大きさや濃さは適切か

筆記用具は持ちやすいか、色が濃く見やすいか

周りに気が散るようなものが置かれていないか

机やいすの高さは適切か

眼の検査を受けよう

視力に問題がないかチェックを

ビジョントレーニングを始める前に、必ずチェックしておいてほしいのが、子どもの視力です。近視、遠視など、視力が悪いままだと、いくらビジョントレーニングを行っても、十分な効果は得られません。特に、小さい子どもの場合、本人が見えにくさを自覚していないことも多いので、周囲の大人が発見してあげる必要があります。

視力を調べる場合は、眼科で検査を行いましょう。めがね店でも視力検査はできますが、眼科であれば、視力だけでなく、何か眼の病気がないかどうかも同時に調べることができるので安心です。病気が原因で視力が低下している場合もあるので、必ず眼科医に診察してもらってください。

その場合、子どもの視力検査が得意な小児眼科を選びましょう。子どもの扱い方に慣れているので、短時間で正確な視力検査ができます。3歳くらいから、視力検査が可能です。

視力が悪いことがわかったら……

視力が悪く、眼科医からめがねをすすめられた場合は、眼科でめがねの処方せんを出してもらいます。その処方せんをもとに、子どもに合っためがねをつくりましょう。

コンタクトレンズは、毎日の手入れが必要ですし、間違った使い方をすると眼を傷つけるリスクもあるので、小さい子どもにはおすすめできません。中学生まではめがねを使用するほうがよいでしょう。

視覚の専門家「オプトメトリスト」って何？

　眼の専門家というと「眼科医」を思い浮かべる人が多いと思いますが、アメリカのほか、ヨーロッパ、アジアなど、世界45か国以上では「オプトメトリスト」という視覚の専門家がいて、国家資格として認められています。日本語では「検眼医」「検眼士」と訳されますが、その仕事は眼の検査だけではありません。アメリカのオプトメトリストはクリニックを開業し、めがねやコンタクトレンズの処方、斜視や弱視のケア、視覚機能の検査やトレーニング、生活のアドバイスなど、視覚にかかわるさまざまな検査やケアを担当しています。

　日本ではまだ国家資格として認められていませんが、最近はその存在が注目されるようになり、オプトメトリストの資格取得者や視覚にかかわる専門家も増えています（222ページ参照）。

見る力を調べたい場合は……

　眼科の検査でわかるのは、見る力のうち、視力だけです。眼球運動や視空間認知なども含めた総合的な見る力を調べるためには、視覚の専門家が行うさまざまな検査が必要です。日本で行われている主な検査は以下の4つです。一般

的なのは、視覚認知検査ですが、それ以外の3つの検査も数は少ないながら行われています。そのほかに、専門家が対面して眼球運動を調べる検査や、ブロックを使って眼と体のチームワークを調べる検査などもあります。

見る力を調べる主な検査

DEM
　跳躍性眼球運動の正確さを測定するテスト。数字がランダムな間隔で書かれた表を音読し、かかった時間と読み間違いを記録する。
（アメリカのテスト）

Motor Free Visual Perception Test
　複数の図形を使って、形の分類、図（見たいもの）と地（背景）の区別、形の短期記憶などを調べる検査。
（アメリカのテスト）

近見・遠見視写検査
きんけん　えんけん
　数字の書かれた表を書き写す検査。かかった時間と修正箇所、間違っている箇所を記録する。検査方法には、表を手元に置いて行う「近見」と、壁に張って行う「遠見」がある。

視覚認知検査 WAVES（ウェーブス）
　視覚機能を総合的に調べる検査。検査結果によって総合指数を算出し、同年齢の子どもとの比較ができる。また、それぞれの得意分野・不得意分野が明確になる。
（日本のテスト）学研

子どもの見る力を調べてみよう
簡単チェックテスト

子どもの様子をよく観察して、当てはまるものに○をつけてみましょう。

	チェック欄	番号	項　目
見る		1	近くを見るとき、顔をそむけるようにして横目で見たり、片方の眼を手で覆ったりして、片眼で見ようとする
		2	本やノートを見るとき、眼が近すぎる
		3	しきりにまばたきをしたり、眼をこすったりする
		4	遠くを見るとき、眼を細める
		5	黒板に書かれた文字をノートに写すのに、異常に時間がかかる
		6	読んだり、書いたり、工作をしたりといった作業に集中できない
		7	両眼が外側に離れていたり、内側に寄っていたりして、それぞれの眼が別の方向を見ていることがある
		8	ものが二重に見えることがある
		9	すぐに眼が疲れる
		10	よくものをなくす。また、探しものをうまく見つけられない
		11	定規で長さを測るとき、目盛りを見るのが苦手
読む		12	文字の読み間違いが多い
		13	教科書や本を音読するとき、行を読み飛ばしたり、読んでいる場所がわからなくなったりする。同じところを繰り返し読んでしまうこともある
		14	教科書や本を読むのに、異常に時間がかかる
		15	文章を読むとき、頭や体を上下、左右に動かす
		16	算数の問題を解くとき、計算はできるのに、文章題になると問題が理解できず、答えられないことがある

	チェック欄	番号	項　目
書く		17	漢字やひらがな、カタカナの書き間違いが多い
		18	覚えた漢字やひらがな、カタカナを思い出すのに時間がかかる
		19	よく鏡文字を書く
		20	うまく描けない図形がある。または、お絵かきで描いたものが、周りの人に理解してもらえない
		21	図形の問題が苦手
見たものに合わせて動く		22	文字を書くとき、マスや行からはみ出す。または読めないくらい形の乱れた文字を書く
		23	筆算で位をそろえて書くのが苦手で、書いているうちに位がずれてしまう
		24	はさみで切る、ボタンをはめる、ひもを結ぶといった手を使った作業が苦手で、不器用
		25	ボールを投げたり、キャッチしたりするのが下手で、球技が苦手
		26	ラジオ体操やダンスを見て覚えたり、まねしたりするのが苦手
		27	鍵盤ハーモニカやリコーダーなどを演奏するとき、鍵盤や穴の位置をよく間違える
		28	右・左がなかなか覚えられず、よく間違える
		29	方向音痴で、よく道を間違ったり、迷ったりする
		30	家具や歩いている人によく体をぶつけたり、つまずいたりする

チェック結果は次のページ

▶▶▶ チェックテストの結果は？

　○をつけた項目が多ければ多いほど、見る機能に問題があるということになります。チェックが3個以上ついていたら要注意。どの項目に○がついたかで、子どもに足りない機能がわかります。その機能を重点的にトレーニングすると効果的です。

うちの子に必要なトレーニングは？

チェック項目
1〜11 に○がある場合

▶▶ 入力機能が不十分である可能性あり

　「見る」の項目に○がある場合は、ものを眼でとらえる入力機能に問題あり。具体的には、見たいものにすばやく視線を合わせたり、眼で追いかけたりする眼球運動や、見たいものの距離に合わせて両眼を寄せたり、離したりしてピントを合わせる機能が未熟だと考えられます。

【 **追従性眼球運動・跳躍性眼球運動・両眼のチームワーク**
を育てるトレーニングへ 】

チェック項目
12〜16 に○がある場合

▶▶ 入力機能が不十分である可能性あり

　「読む」の項目に○がある場合も、見る機能の中の入力機能がうまく働いていないようです。特に、書かれた文字を眼でなぞったり、新しい行へすばやく視線を移動させたりするのが苦手だと考えられます。

【 **追従性眼球運動・跳躍性眼球運動**
を育てるトレーニングへ 】

チェック項目
17〜21 に○がある場合

▶▶ 視空間認知の機能が不十分である可能性あり

　文字や図形を書（描）くのが苦手な子どもは、見る力のうち、情報処理の機能が十分に育っていないと考えられます。眼で見たものの形や色、位置などを正しく認識する視空間認知の機能を向上させる必要があります。

【 **視空間認知**
を育てるトレーニングへ 】

チェック項目
22〜30 に○がある場合

▶▶ 視空間認知、出力機能が不十分である可能性あり

　手先が不器用だったり、体を動かすことが苦手だったりする子どもは、眼でとらえた映像を正しく認識する視空間認知の機能と、その情報をもとに体を動かす出力機能が未熟。眼と体がスムーズに連動するように、「見て動く」トレーニングを習慣にしましょう。

【 **視空間認知・眼と体のチームワーク**
を育てるトレーニングへ 】

PART
2

実践編

ビジョントレーニング
ワークシート

PART 2は、ビジョントレーニングの実践編。5つの機能（追従性眼球運動、跳躍性眼球運動、両眼のチームワーク、眼と体のチームワーク、視空間認知）を鍛えるトレーニングが157本。最初は大人が一緒に、慣れてきたら子どもだけで、楽しみながら繰り返しやってみましょう。

ワーク 1 　線なぞり（短い横線）

同じマークからマークまでの線を、左から右へ眼で追いながら指でなぞりましょう。次に、右から左へなぞりましょう。また、上に紙を置いて、えんぴつでもなぞってみましょう。

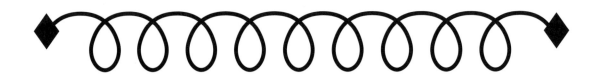

ワークを した日	1回目	2回目	3回目	4回目	5回目
	/	/	/	/	/

ポイント

頭を動かさないように注意し、眼と指で線を追いましょう。

▶追従性眼球運動・眼と体のチームワーク

ワーク 2　線なぞり（短い縦線）

同じマークからマークまでの線を、上から下へ眼で追いながら指でなぞりましょう。次に、下から上へなぞりましょう。また、上に紙を置いて、えんぴつでもなぞってみましょう。

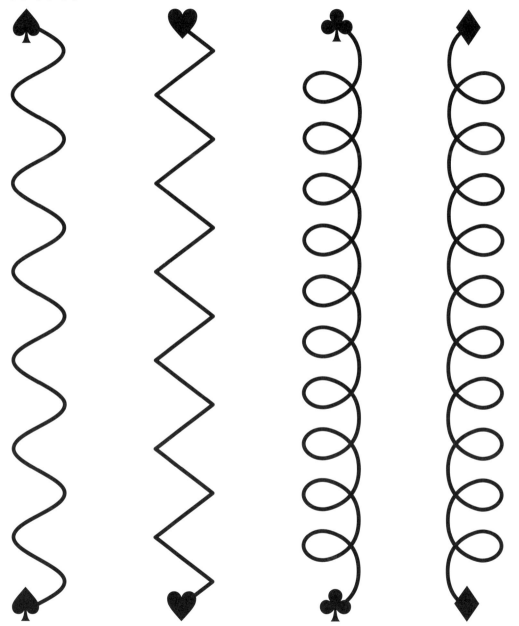

ワークをした日	1回目	2回目	3回目	4回目	5回目

ポイント

頭を動かさず、眼だけを動かして、なぞりましょう。

▶追従性眼球運動・眼と体のチームワーク

【解説 P.194 】

| ワーク 3 | 線なぞり（長い横線） | レベル ★☆☆ |

スタートからゴールまでの線を、眼で追いながら指でなぞりましょう。次に、ゴールからスタートまでを指でなぞりましょう。

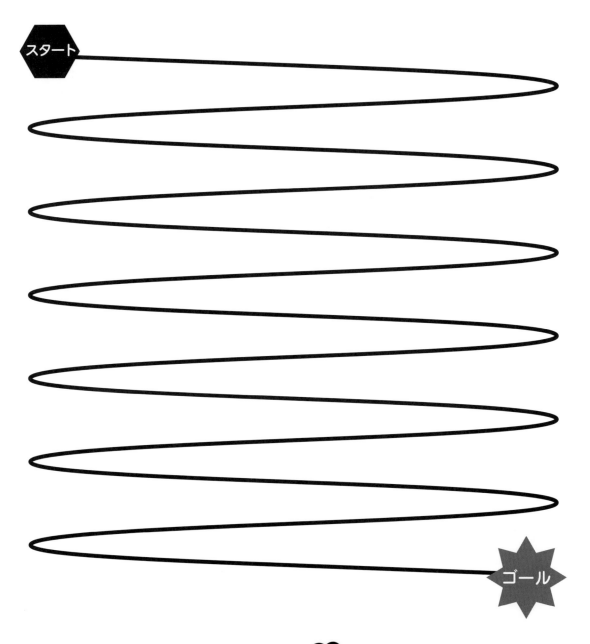

ワークをした日	1回目	2回目	3回目	4回目	5回目
	/	/	/	/	/

ポイント

折り返すとき、線からはみ出ないようになぞりましょう。ゆっくりていねいにやりましょう。

▶追従性眼球運動・眼と体のチームワーク

ワーク
4

線なぞり（長い縦線）

レベル
★ ☆ ☆

スタートからゴールまでの線を、眼で追いながら指でなぞりましょう。次に、ゴールからスタートまでを指でなぞりましょう。

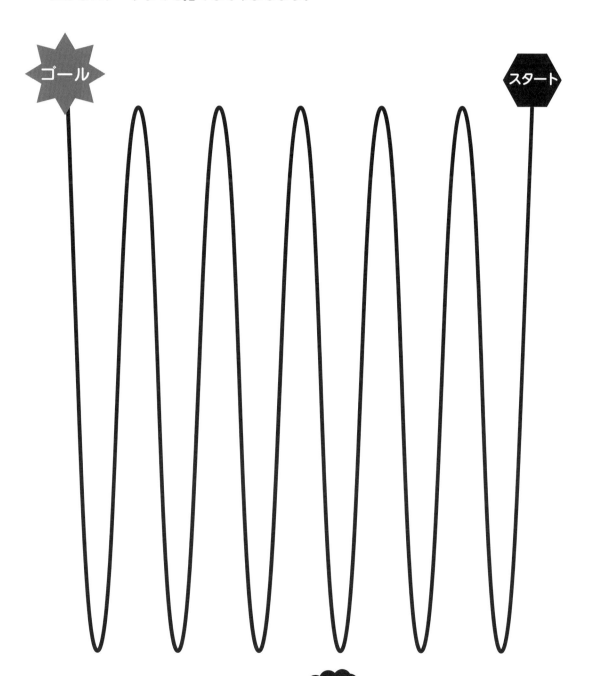

ワークをした日	1回目	2回目	3回目	4回目	5回目
	/	/	/	/	/

ポイント

折り返すとき、線からはみ出ないようになぞりましょう。ゆっくりていねいに、だんだん速く！

▶ 追従性眼球運動・眼と体のチームワーク

線なぞり（長いグルグル線）

スタートからゴールまでの線を、眼で追いながら指でなぞりましょう。次に、ゴールからスタートまでを指でなぞりましょう。

スタート

ゴール

| ワークを
した日	1回目	2回目	3回目	4回目	5回目
	／	／	／	／	／

ポイント

線が交差しているところで、進む方向をまちがえないようにしましょう。

線なぞり（長いカクカク線）

スタートからゴールまでの線を、眼で追いながら指でなぞりましょう。次に、ゴールからスタートまでを指でなぞりましょう。

スタート

ゴール

ワークをした日	1 回目	2 回目	3 回目	4 回目	5 回目
	/	/	/	/	/

ポイント

曲がり角の部分もしっかりなぞりましょう。

▶追従性眼球運動・眼と体のチームワーク

【解説 P.194 】

線の間なぞり（横線）

数字からスタートし、マークのゴールまで、線と線の間を指でなぞりましょう。

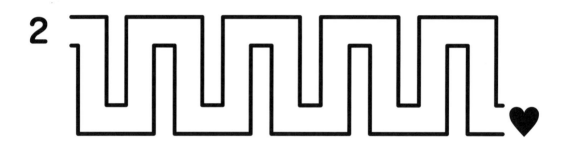

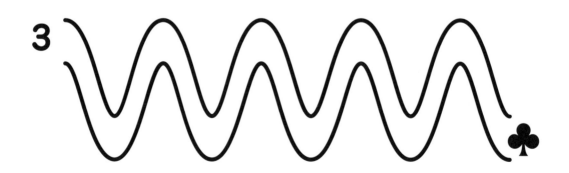

ワークをした日	1回目	2回目	3回目	4回目	5回目
	/	/	/	/	/

ポイント

線と線の間をなぞりましょう。なるべく2本の線の真ん中を！

▶追従性眼球運動・眼と体のチームワーク

線の間なぞり（縦線）

数字からスタートし、マークのゴールまで、線と線の間を指でなぞりましょう。

ワークを した日	1回目	2回目	3回目	4回目	5回目
	／	／	／	／	／

ポイント
線と線の間をなぞりましょう。なるべく2本の線の真ん中を！

▶追従性眼球運動・眼と体のチームワーク

線めいろ（横線）

同じマークからマークまでの線を、左から右へ眼で追いながら指でなぞりましょう。次に、右から左へなぞりましょう。また、上に紙を置いて、えんぴつでもなぞってみましょう。

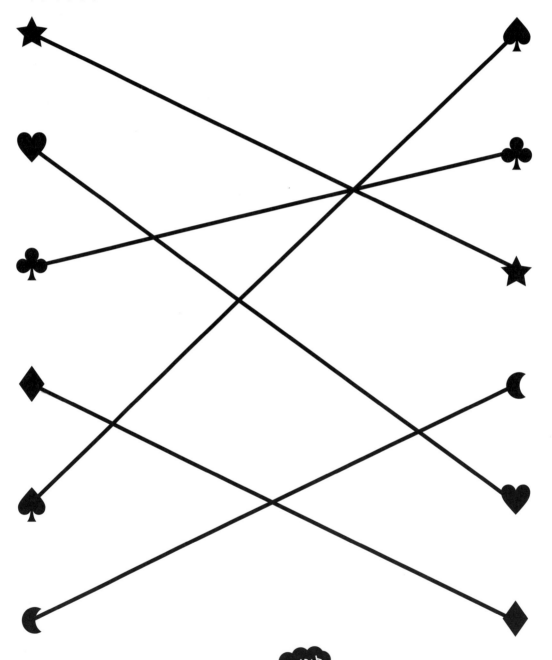

| ワークを
した日	1回目	2回目	3回目	4回目	5回目
	/	/	/	/	/

ポイント

最初は線の交差に気をつけてゆっくり。徐々にスピードを上げましょう。

▶追従性眼球運動・眼と体のチームワーク

線めいろ（縦線）

レベル
★ ☆ ☆

同じマークからマークまでの線を、上から下へ眼で追いながら指でなぞりましょう。次に、下から上へなぞりましょう。また、上に紙を置いて、えんぴつでもなぞってみましょう。

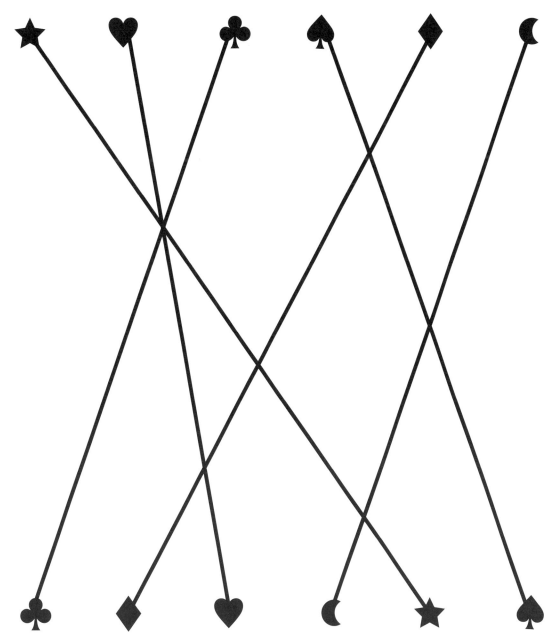

ワークをした日	1回目	2回目	3回目	4回目	5回目
	／	／	／	／	／

ポイント

最初は線の交差に気をつけてゆっくり。徐々にスピードを上げましょう。

▶追従性眼球運動・眼と体のチームワーク

ワーク 11 線めいろ（波線・横①）

同じマークからマークまでの線を、左から右へ眼で追いながら指でなぞりましょう。
次に、右から左へなぞりましょう。

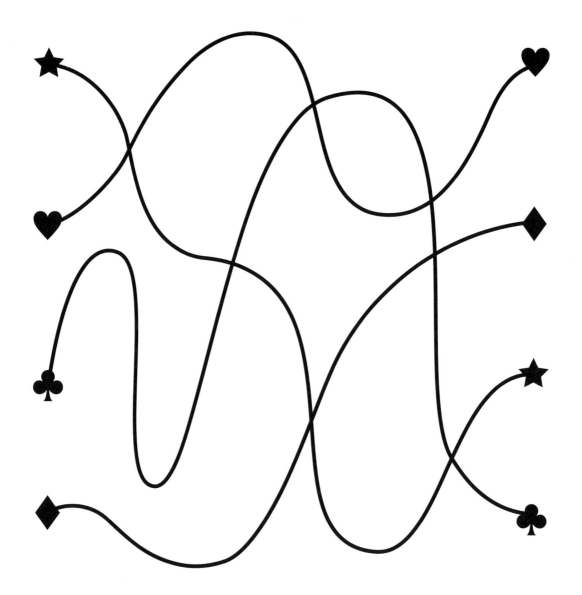

ワークを した日	1回目	2回目	3回目	4回目	5回目

ポイント

まずはゆっくりていねいに。徐々にスピード
を上げていきましょう。

▶追従性眼球運動・眼と体のチームワーク

線めいろ（波線・横②）

同じマークからマークまでの線を、左から右へ眼で追いながら指でなぞりましょう。
次に、右から左へなぞりましょう。

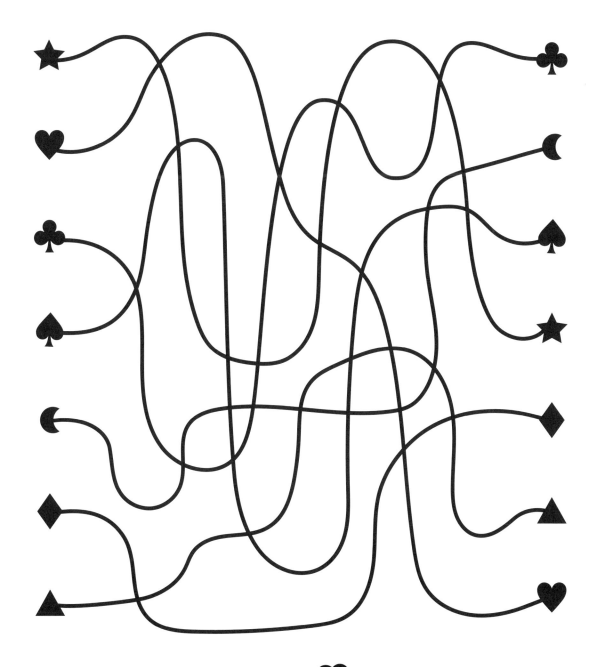

ワークを した日	1回目	2回目	3回目	4回目	5回目
	／	／	／	／	／

ポイント

線が入り組んでいるので、見失わないように
追いましょう。

▶追従性眼球運動・眼と体のチームワーク

| ワーク 13 | 線めいろ（波線・縦①） | レベル ★☆☆ |

同じマークからマークまでの線を、上から下へ眼で追いながら指でなぞりましょう。
次に、下から上へなぞりましょう。

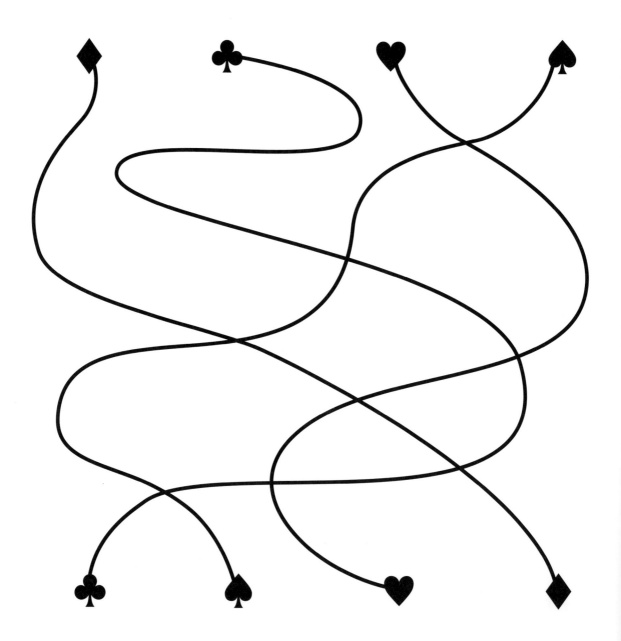

ワークをした日	1回目	2回目	3回目	4回目	5回目
	／	／	／	／	／

ポイント
線が交差しているところで、進む方向をまちがえないようにしましょう。

線めいろ（波線・縦②）

同じマークからマークまでの線を、上から下へ眼で追いながら指でなぞりましょう。
次に、下から上へなぞりましょう。

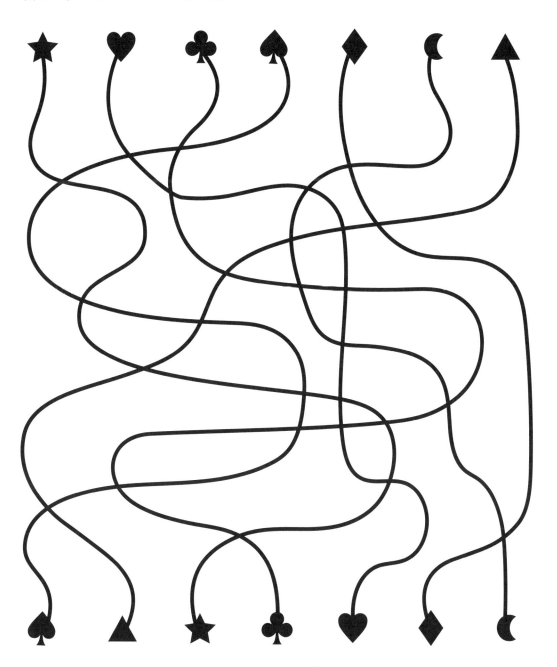

ワークを した日	1回目	2回目	3回目	4回目	5回目

ポイント

複雑に交差しているので、線を見失わないように！

▶追従性眼球運動・眼と体のチームワーク

ワーク 15 線めいろ（ギザギザ線・横）

同じマークからマークまでの線を、左から右へ眼で追いながら指でなぞりましょう。
次に、右から左へなぞりましょう。

ワークを した日	1回目	2回目	3回目	4回目	5回目
	／	／	／	／	／

ポイント
頭を動かさず、眼だけを動かしましょう。難しい場合は、えんぴつでなぞってみましょう。

▶追従性眼球運動・眼と体のチームワーク

ワーク 16

線めいろ（ギザギザ線・縦）

同じマークからマークまでの線を、上から下へ眼で追いながら指でなぞりましょう。
次に、下から上へなぞりましょう。

ワークを した日	1回目	2回目	3回目	4回目	5回目
	／	／	／	／	／

ポイント

頭を動かさず、眼だけを動かしましょう。利
き手の後、反対の手でもやってみましょう。

【解説 P.194 】

ワーク 17 線めいろ（カクカク線・横）

レベル ★ ★ ☆

同じマークからマークまでの線を、左から右へ眼で追いながら指でなぞりましょう。
次に、右から左へなぞりましょう。

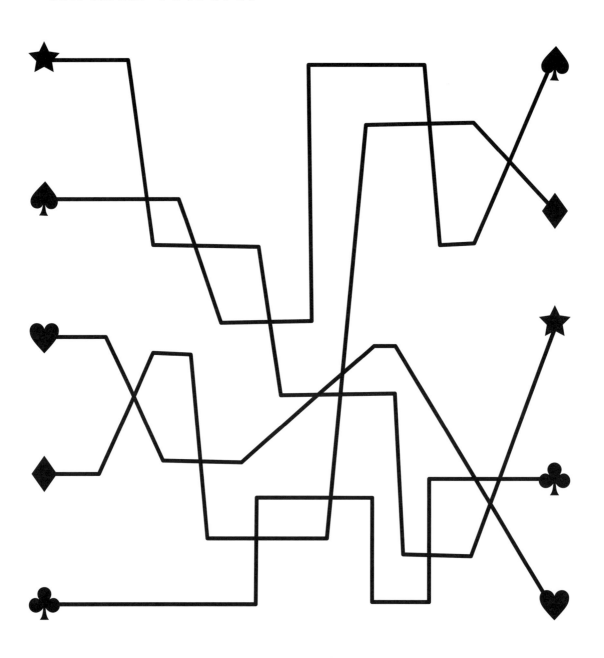

ワークを した日	1回目	2回目	3回目	4回目	5回目
	/	/	/	/	/

ポイント

頭を動かさず、眼だけを動かしましょう。利き手の後、反対の手でもやってみましょう。

▶追従性眼球運動・眼と体のチームワーク

ワーク 18 — 線めいろ（カクカク線・縦）

同じマークからマークまでの線を、上から下へ眼で追いながら指でなぞりましょう。
次に、下から上へなぞりましょう。

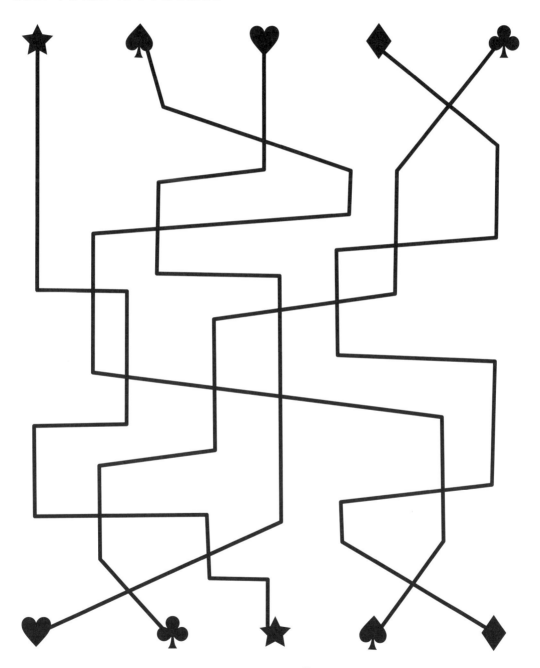

ワークを した日	1回目	2回目	3回目	4回目	5回目
	／	／	／	／	／

ポイント

頭を動かさず、眼だけを動かしましょう。まず、
ゆっくりていねいに。徐々にスピードアップ。

▶追従性眼球運動・眼と体のチームワーク

【解説 P.194】

線めいろ（いろいろ・横）

同じマークからマークまでの線を、左から右へ眼で追いながら指でなぞりましょう。
次に、右から左へなぞりましょう。

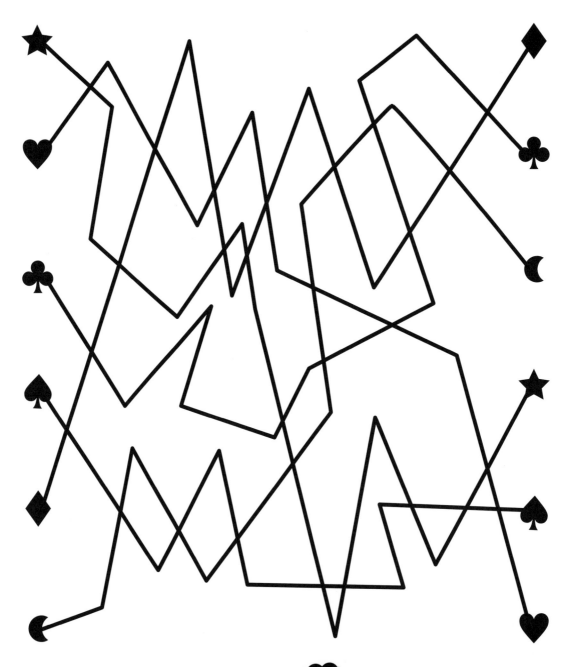

ワークを した日	1回目	2回目	3回目	4回目	5回目
	／	／	／	／	／

ポイント

角まできちんとなぞりましょう。まず、ゆっ
くりていねいに。徐々にスピードアップ。

▶追従性眼球運動・眼と体のチームワーク

ワーク 20

線めいろ（いろいろ・縦）

同じマークからマークまでの線を、上から下へ眼で追いながら指でなぞりましょう。
次に、下から上へなぞりましょう。

ワークをした日	1回目	2回目	3回目	4回目	5回目
	/	/	/	/	/

ポイント
まずはゆっくり眼で追いましょう。交差しているところで、見失わないように注意して。

▶ 追従性眼球運動・眼と体のチームワーク

21 線めいろ①

レベル
★ ★ ☆

スタートからゴールまで、眼だけでめいろをたどりましょう。

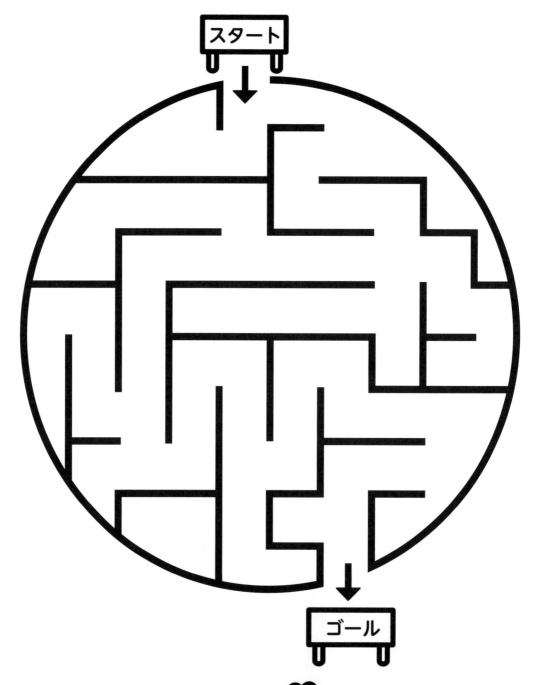

ワークを した日	1回目	2回目	3回目	4回目	5回目
	／	／	／	／	／

ポイント

眼だけで追うのが難しい場合は、指を使いましょう。時間を計ってやってみましょう。

▶追従性眼球運動・眼と体のチームワーク

線めいろ②

スタートからゴールまで、眼だけでめいろをたどりましょう。

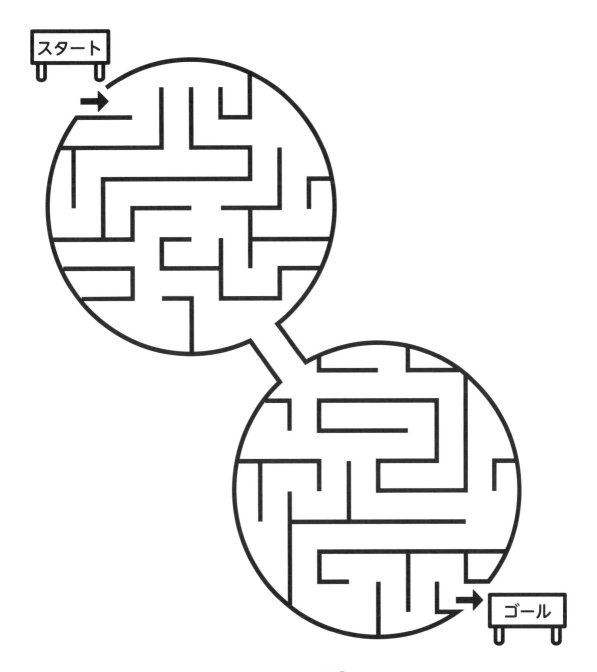

| ワークを
した日	1回目	2回目	3回目	4回目	5回目

ポイント

眼だけで追うのが難しい場合は、指を使いましょう。時間を計ってやってみましょう。

▶追従性眼球運動・眼と体のチームワーク

線_{せん}めいろ③

スタートからゴールまで、眼_めだけでめいろをたどりましょう。

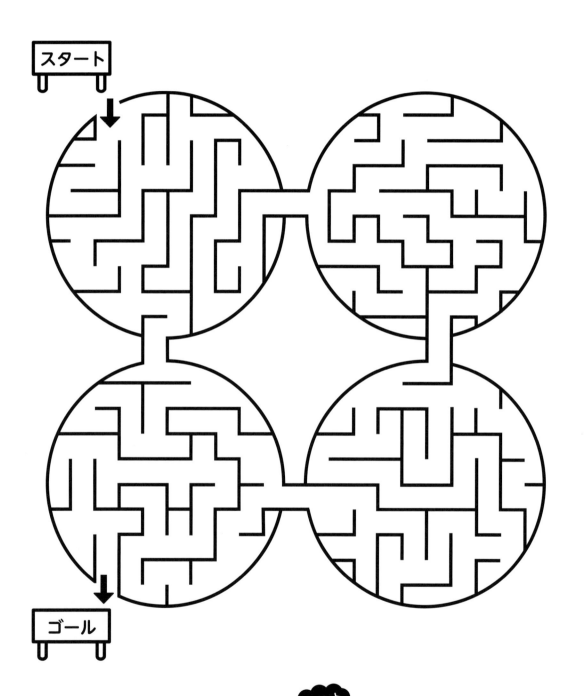

ワークを した日	1回目	2回目	3回目	4回目	5回目
	/	/	/	/	/

ポイント

かなり複雑_{ふくざつ}な問題_{もんだい}です。あわてずにていねい
に。時間_{じかん}を計<sub>はか</sub ってやってみましょう。

▶ 追従性眼球運動・眼と体のチームワーク

ワーク 24 ひらがなランダム読み①

はじめに、Ⓐから横方向に、1行ずつ順番にひらがなを読みましょう。すべて読み終わったら、Ⓑから縦方向に読みましょう。次に、かくれている言葉（2文字の言葉）を見つけましょう。

Ⓐ→　　　　　　　　　　　　　　　　　　　　　　Ⓑ↓

か　て　ほ　し　さ　そ

い　す　ん　も　な　を

こ　ん　め　り　す　は

さ　り　ひ　と　ち　わ

し　き　く　お　ひ　あ

ま　け　い　え　う　わ

ワークをした日	1回目	2回目	3回目	4回目	5回目
	/	/	/	/	/

ポイント
はじめは指で文字を追いながら、ゆっくり読みましょう。次に眼だけで追って読みましょう。

▶跳躍性眼球運動

ワーク 25　ひらがなランダム読み②

はじめに、Ⓐから横方向に、1行ずつ順番にひらがなを読みましょう。すべて読み終わったら、Ⓑから縦方向に読みましょう。次に、かくれている言葉（2〜3文字の言葉）を見つけましょう。

Ⓐ→

Ⓑ↓

あ	せ	ゆ	き	よ	こ	け	れ	わ	し	ち
り	へ	み	ほ	た	る	つ	す	し	も	ろ
つ	ろ	と	き	わ	な	よ	る	き	こ	う
す	ら	め	と	う	し	こ	け	じ	る	か
き	い	け	ら	に	れ	も	を	す	い	か
ら	か	ん	あ	り	ら	よ	ひ	こ	な	り
す	ひ	か	り	す	つ	ん	は	さ	み	ろ
く	す	こ	な	む	し	り	く	お	せ	れ
た	け	な	め	ふ	あ	う	め	ち	そ	う
こ	く	り	こ	な	の	り	け	ぐ	り	り

ワークをした日	1回目	2回目	3回目	4回目	5回目
	/	/	/	/	/

ポイント
指で文字を追いながら、ゆっくり読みましょう。かくれている言葉を見つけたら、○で囲みましょう。

ワーク 26　ひらがなランダム読み③

はじめに、Ⓐから横方向に、1行ずつ順番にひらがなを読みましょう。すべて読み終わったら、Ⓑから縦方向に読みましょう。次に、かくれている言葉（2～5文字の言葉）を見つけましょう。

Ⓐ→　　　　　　　　　　　　　　　　　　　　　　　　　　　Ⓑ↓

あこめにくらすぬはさみおかせけへてこつろぬしゆう

こうかとほらぢつにすにえきいろをほかすこにねどに

ろらいりぼんめこきよめもそかゆりぬりおめねたうつ

かゆよぬさなこにもつちれよらろうそくゆくしぷふあ

ざちくらるのれもんすとえもやぬいぐるみせんえむた

にわつちうろぷみなくねちゆきだるまをまもさるけい

でゆつくけまにせけおふろえらんろやかでんわてえす

もさぬとまとゆくほめちろきむすのせすいかしざもね

あじさいりもへにてしなるはれいつあへきうねしけり

ひけわにくえろみあなつやすみかとるかよにるうこも

らうそくこいのぼりあのすちくわそさおとねさえゆめ

いめとなてぬふとらこまたなりえんとつさよもねいむ

おきまたいこきさまといけるをこきねばめいろかねら

んさぜまくらんしくなたむらさきもけぎとほうけかな

けをるきしけしごむらけきのはどのいうべれもろりみ

るさよまもちつきつづなもろぎしがとなくるみにこん

ワークを した日	1回目	2回目	3回目	4回目	5回目
	/	/	/	/	/

ポイント

指で文字を追いながら、ゆっくり読みましょう。かくれている言葉を見つけたら、○で囲みましょう。

▶跳躍性眼球運動

ワーク 27　ひらがなランダム読み④（虫食い）

はじめに、Ⓐから横方向に、1行ずつ順番にひらがなを読みましょう。すべて読み終わったら、Ⓑから縦方向に読みましょう。

Ⓐ→

Ⓑ↓

みたあけ　のうしく　すま　そたはち　りてとなかぬ
ねひ　くへせほ　けみむ　ちえつぬと　めきえ　おう
か　なくいけねこ　さも　やおゆ　あよわ　えらりる
みたあ　けたい　ひ　うしくす　つ　そあ　たちつて
となねひへ　ほ　ま　ろむめ　えおちえ　つてと　め
きえ　おうか　らくこさも　や　およら　るれ　ほみ
た　あろけ　いうし　く　すせそあ　す　たれら　ち
なこさも　やてみた　をあ　けい　うもしく　すんの
つ　となにぬ　ねふ　まへほ　ま　むちえつ　てとめ
きえお　せよく　け　こさもやお　へ　ゆよら　りる
れかろわか　やを　そのは　めえおん　かや　みゆふ
ちよ　らかもけ　やい　ゆら　う　るたあ　けし　く
するそゆよ　らあたゆ　ちつと　な　かね　ひけへさ
ちえ　つてと　めき　ほえおる　うか　はくけつ　さ
もや　おしよ　りみたあ　けい　せしくすめ　そあた
ちおゆ　よてなた　にいね　ひせ　くへほかま　んそ

ワークをした日	1回目	2回目	3回目	4回目	5回目
	/	/	/	/	/

ポイント
文字がないところで、読む位置を見失わないようにしましょう。

▶跳躍性眼球運動

ワーク 28 カタカナランダム読み①

レベル ★☆☆

はじめに、Ⓐから横方向に、1行ずつ順番にカタカナを読みましょう。すべて読み終わったら、Ⓑから縦方向に読みましょう。次に、かくれている言葉（3〜4文字の言葉）を見つけましょう。

Ⓐ→

Ⓑ↓

ア	ナ	ロ	セ	ヲ	タ
エ	ヤ	イ	ヒ	ヌ	オ
シ	ウ	コ	ス	ソ	ル
ス	ル	ホ	テ	ル	ガ
テ	ニ	ス	キ	ヘ	ン
ム	ス	エ	ク	オ	ワ

ワークをした日	1回目	2回目	3回目	4回目	5回目
	/	/	/	/	/

ポイント

はじめは指で文字を追いながら、ゆっくり読みましょう。次に眼だけで追って読みましょう。

▶跳躍性眼球運動

ワーク 29 カタカナランダム読み②

はじめに、Ⓐから横方向に、1行ずつ順番にカタカナを読みましょう。すべて読み終わったら、Ⓑから縦方向に読みましょう。次に、かくれている言葉（2〜4文字の言葉）を見つけましょう。

Ⓐ→

Ⓑ↓

アソクランドアルスツラ
テワニキヲヘラレキサイ
ルホテルビレテセースオ
キリスエネサコラソテン
クウトミランプセウレタ
リキイルジャフレサビル
メダルハオスヒパズルキ
チコシヘイエモツチエゲ
ケセニリズムケカソロー
サケスハルミルクエリム

	1回目	2回目	3回目	4回目	5回目
ワークをした日	/	/	/	/	/

ポイント
はじめは指で文字を追いながら、ゆっくり読みましょう。次に眼だけで追って読みましょう。

▶跳躍性眼球運動

ワーク30 カタカナランダム読み③　レベル ★★★

はじめに、Ⓐから横方向に、1行ずつ順番にカタカナを読みましょう。すべて読み終わったら、Ⓑから縦方向に読みましょう。次に、かくれている言葉（3〜5文字の言葉）を見つけましょう。

Ⓐ→ Ⓑ↓

アクフナキラシニノコオロギスクフツテチラドサヤイ

ケイオテヘヨダチナシナウカアレヲヘニシケナヌデナ

エヤニヌフランスルシムツカルニトススレリユハエモ

ダヨラネシニサヌヤピアノラゴワエプラネタリウムタ

イデンキイドレスネマクスハーモニカコシスヘチセイ

ヤワドチルメレミンクトチモタヌクレヨンモンルニヤ

ルヨテケサミヌソハロウインナウキナイユキヲトオル

メカニナホタテキヘムプレカイサネスシヲケサゴメヌ

ニメラチウレヨヒメタレメワカランドセルチンヲオホ

ワラカルガモアサラフゼヤタキヨルネルカモダチシテ

リエタキケアパソコンンタカロセコエテヌコルヒトデ

ニンシヌケリアスケニトメリシクアメリカマイレヲム

ペンギンウノヤヨイキリスセサエケタケヨケスマウイ

コクムタウシキシオムライスロコシガニナセルスニア

サンルブラジルカルイキミアウブロモレワミノクムソ

ルサヨマモキヲネトウサルンシマラソンウヲカノルン

ワークをした日	1回目	2回目	3回目	4回目	5回目

ポイント
はじめは指で文字を追いながら、ゆっくり読みましょう。徐々にスピードアップ！

▶跳躍性眼球運動

ワーク 31　カタカナランダム読み④（虫食い）

はじめに、Ⓐから横方向に、1行ずつ順番にカタカナを読みましょう。すべて読み終わったら、Ⓑから縦方向に読みましょう。

Ⓐ→

Ⓑ↓

カセ　ホケミ　ムチ　テトメキエ　ミ　タアケ　ノウ

シクス　マソ　タハチリテ　ト　ナカ　ヌネヒ　クヘ

エ　ツヌト　メキ　エオウ　カナクイ　ケ　ネコ　サ

オヒセクモ　ヤオユ　アルミタ　ア　ケタ　イ　ヒウ

シ　クスツ　ソアスアタ　チエ　オチエツ　オウ　カ

トメキ　エク　ラマヘホマ　ム　チエツ　テコ　サモ

ヤオ　ヨラルレ　ホミ　タア　ロケイウシ　クスセソ

タ　レラチツ　トヨ　ワエラ　リュ　ヨラリル　レカ

ロワ　カヤヲソ　ノハ　メエオフ　オウ　トリケンナ

コ　サモメ　キホ　セヨクケコ　サツ　テトナ　ネヒ

ヘホ　マロム　メモヤ　オ　ヘンカ　ヤミユフ　チヨ

ヨ　リミタラ　カモ　ケヤイマ　ンミケ　チツ　エユ

ラウルタ　アナ　ニヌネ　ケシ　ク　スル　ソユ　ヨ

ラア　タユチツ　トナカ　ネユ　ヨテナタ　ニイ　ネ

ヒケ　ヘサチ　エツ　テエオ　ルウカ　ハク　ケツサ

モ　ヤオシアケイ　セシ　クスメソア　タチヘ　ホカ

ワークをした日	1回目	2回目	3回目	4回目	5回目
	/	/	/	/	/

ポイント

はじめは指で文字を追いながら、ゆっくり読みましょう。徐々にスピードアップ！

▶跳躍性眼球運動

ワーク 32　数字ランダム読み（縦①）

レベル ★☆☆

上下に並んだ数字を、右上から縦方向に順番に読んでいきましょう。すべて読み終わったら最初にもどり、数回くり返しましょう。

ここから ↓

2　5　6　9　0　1　8　7　4

6　3　7　5　1　9　4　2　8

ワークをした日	1回目	2回目	3回目	4回目	5回目
	/	/	/	/	/

ポイント
頭を動かさず、眼だけで追いましょう。難しければ、指で数字を追いながら読みましょう。

▶跳躍性眼球運動

ワーク 33　数字ランダム読み（横①）

レベル
★ ☆ ☆

左右に並んだ数字を、左上から横方向に順番に読んでいきましょう。すべて読み終わったら最初にもどり、数回くり返しましょう。

ここから
→

1	8
5	0
8	5
6	2
7	9
4	5
3	6
0	7
2	4
9	1
6	3

ワークをした日	1回目	2回目	3回目	4回目	5回目
	/	/	/	/	/

ポイント
頭を動かさず、眼だけで追いましょう。難しければ、指で数字を追いながら読みましょう。

▶跳躍性眼球運動

【解説 P.196】

数字ランダム読み（縦②）

レベル
★ ★ ☆

バラバラに散らばった数字を、右上から縦方向に順番に読んでいきましょう。すべて読み終わったら最初にもどり、数回くり返しましょう。

ここから
↓

| 1 | 8 | 5 | 2 | 3 | 4 | 0 | 6 | 9 | 7 | 2 | 1 | 4 |

4   8

   5   9   0   4

     4   3   1   9

          5   8

      5   7

3   3   2   4

   7   9   6

    9   4

     2   9   8

6   2   1   5

   3   3

     8   7   7   7

       6   8   6

| 7 | 1 | 3 | 4 | 8 | 9 | 2 | 6 | 7 | 1 | 5 | 9 | 0 |

ワークを した日	1回目	2回目	3回目	4回目	5回目
	/	/	/	/	/

ポイント

難しければ、指で数字を追いながら読みましょう。時間を計ってやってみましょう。

▶跳躍性眼球運動

ワーク 35

数字ランダム読み（横②）

バラバラに散らばった数字を、左上から横方向に順番に読んでいきましょう。すべて読み終わったら最初にもどり、数回くり返しましょう。

ここから

→ 4 　　 1 　　　 8 　　　　 0 　　　　 7

6 　　　　 7 　　　　 5 　　　 4 　　 2

6 　　 2 　　　 3 　　　 1 　　　　 8

4 　 1 　　　 5 　　　　 8 　　　　 6

8 　　　 7 　　　　 6 　　　 9 　　　 1

0 　　 2 　　　　　 9 　　　　 3 　　 4

5 　　　　 6 　　　　 4 　　　　　 9 　　 2

9 　　　 3 　　　　 8 　　　　 7 　　 5

1 　　 6 　　　　 4 　　　　 3 　　　 0

3 　　　　 7 　　　　 8 　　 4 　　　 9

1 　　 9 　　　 6 　　　　 7 　　　　 3

2 　 4 　　　　　 9 　　　　 6 　　 3

7 　　 6 　　　 4 　　　　 2 　　　 1

ワークをした日	1回目	2回目	3回目	4回目	5回目
	/	/	/	/	/

ポイント

頭を動かさず、眼だけで追いましょう。時間を計ってやってみましょう。

▶跳躍性眼球運動

ワーク 36　ひらがな探し①

はじめに、「か」など、探す文字を決めます。次に④から横方向にひらがなを読みながら、決めた文字を見つけたら○をつけましょう。さらに、新たな文字を決め、Ｂから縦方向に読みながら○をつけましょう。

Ⓐ→　　　　　　　　　　　　　　　　Ⓑ↓

き	た	よ	ろ	て	か	し	う
ひ	ざ	お	か	を	ゆ	れ	つ
む	く	り	お	み	で	さ	ろ
も	き	め	に	な	も	ひ	れ
よ	そ	ほ	さ	ろ	い	や	な
す	え	る	う	こ	に	と	せ
よ	く	か	ん	ら	た	あ	け
へ	け	え	な	そ	る	お	と

ワークを した日	1回目	2回目	3回目	4回目	5回目
	/	/	/	/	/

ポイント

行が変わるときに、読む場所をまちがえないように注意しましょう。

▶跳躍性眼球運動

ひらがなシート①

このひらがなシート①はコピーを取って、何度も使いましょう。ワーク 36 やワーク 40 をそのまま写し取ったり、1 行おきに写し取ったりするのが、トレーニングになります。

Ⓐ→   Ⓑ
                                                       ↓

ワーク 37

ひらがな探し②

レベル
★ ★ ☆

はじめに、「こ」と「と」など、探す2文字を決めます。
次に④から横方向にひらがなを読みながら、決めた文字を
見つけたら○をつけましょう。さらに、新たな文字を決め、
Ⓑから縦方向に読みながら○をつけましょう。

Ⓐ→   Ⓑ↓

か	そ	て	れ	つ	こ	を	い	ね	ぬ	ま
さ	だ	と	み	う	る	え	な	こ	ほ	な
も	く	れ	き	と	ば	す	を	り	ち	ら
め	ら	む	な	と	ま	は	る	つ	ら	な
も	さ	も	こ	よ	り	ま	た	の	に	し
さ	い	み	ま	く	と	つ	こ	ま	と	け
と	か	き	あ	り	ち	い	あ	め	さ	こ
ま	さ	か	と	ち	ろ	こ	に	れ	き	ほ
ひ	は	く	な	き	と	い	ち	め	じ	む
た	ね	い	す	よ	め	り	け	と	こ	を
い	こ	ね	き	の	あ	つ	て	お	と	か

ワークを した日	1回目	2回目	3回目	4回目	5回目
	/	/	/	/	/

ポイント

行が変わるときに、読む場所をまちがえない
ように注意しましょう。

▶跳躍性眼球運動

ひらがなシート②

このひらがなシート②はコピーを取って、何度も使いましょう。ワーク 37 〜 39 を
そのまま写し取ったり、1 行おきに写し取ったりしましょう。

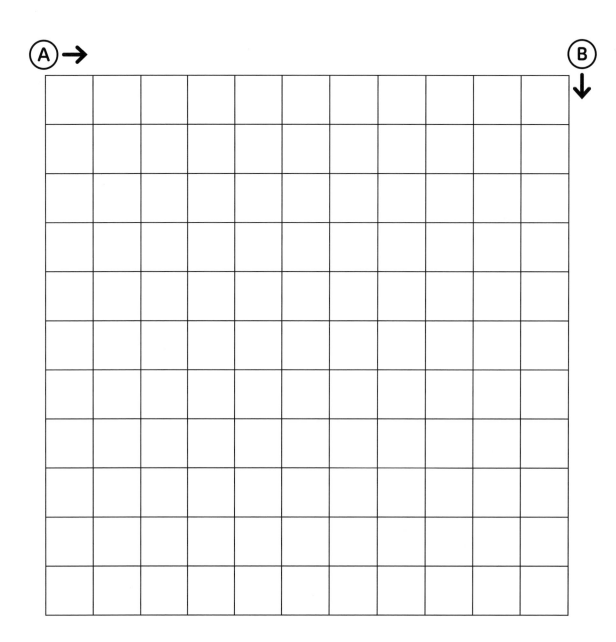

ワーク 38 ひらがな探し③（虫食い）

レベル ★★★

はじめに、「と」と「か」など、探す2文字を決めます。
次に④から横方向にひらがなを読みながら、決めた文字を
見つけたら○をつけましょう。さらに、新たな文字を決め、
⑧から縦方向に読みながら○をつけましょう。

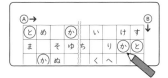

④→

と	め		か	な	く		い		け	す
ま		そ	ゆ	は		ち		り	か	と
	か	ぬ		ね	ひ		く	へ		せ
ほ	け		み	あ		け		の	み	
ち	え	あ	た		ゆ	え	お	う		ち
つ		て		と		す	き		え	よ
か	つ		と		さ	う		し	く	も
	お	ゆ		あ	よ		わ		え	ら
り	る		み		から	ら	た	い		
ね		ひ		ゆ	こ	か		そ	う	し
ゆ	す		つ		な		め	か	や	へ

B↓

ワークを した日	1回目	2回目	3回目	4回目	5回目
	/	/	/	/	/

ポイント

「と」「か」など声に出して読みながら、○をつけましょう。

▶跳躍性眼球運動

ひらがな探し④

レベル ★★★

Ⓐから横方向にひらがなを読みながら、かくれている言葉を見つけて○で囲みましょう。次に、Ⓑから縦方向に読みながら、かくれている言葉を○で囲みましょう。

Ⓐ→

よ	た	る	け	に	る	を	な	ね	こ	ま
さ	そ	や	つ	さ	ふ	え	べ	ろ	を	ん
て	う	む	も	た	や	か	を	け	ふ	ち
め	が	ね	ば	く	ぬ	ぶ	い	え	や	こ
り	さ	に	と	ほ	り	と	こ	ん	ら	に
え	い	わ	か	と	え	む	ず	そ	ね	し
の	ひ	と	を	た	ゆ	し	ま	め	と	へ
い	さ	り	と	せ	ろ	ご	に	び	ね	や
た	は	す	ゆ	き	だ	る	ま	う	じ	む
ま	ね	あ	す	よ	き	り	け	と	け	い
ご	か	ま	ふ	と	む	き	あ	つ	ち	ね

Ⓑ↓

ワークをした日	1回目	2回目	3回目	4回目	5回目

ポイント

行が変わるとき、ちがう行に飛ばないように注意しながら、眼で追いましょう。

▶跳躍性眼球運動

カタカナ探し①

レベル ★☆☆

はじめに、「ト」など、探す文字を決めます。次に④から横方向にカタカナを読みながら、決めた文字を見つけたら○をつけましょう。さらに、新たな文字を決め、⑧から縦方向に読みながら○をつけましょう。

Ⓐ→   Ⓑ↓

シ	ナ	ト	イ	ネ	ソ	チ	ク
ア	シ	エ	ハ	ワ	ヤ	ト	ナ
ト	キ	ル	カ	ム	ネ	シ	ム
ユ	ア	ヤ	ト	オ	ユ	ヤ	ワ
モ	ル	ト	カ	ン	キ	ハ	キ
ソ	カ	イ	オ	シ	ア	ユ	ハ
カ	ソ	エ	ン	ト	ル	ア	ク
ン	ト	シ	ム	セ	チ	エ	ナ

ワークをした日	1回目	2回目	3回目	4回目	5回目
	/	/	/	/	/

ポイント

はじめは指で文字を追いながら、ゆっくり読みましょう。徐々にスピードアップ！

▶跳躍性眼球運動

ワーク 41　カタカナ探し②

レベル
★★☆

はじめに、「カ」と「マ」など、探す2文字を決めます。次に④から横方向にカタカナを読みながら、決めた文字を見つけたら○をつけましょう。さらに、新たな文字を決め、⑧から縦方向に読みながら○をつけましょう。

Ⓐ→

オ	イ	カ	ケ	サ	シ	ス	セ	ソ	ハ	ヒ
フ	ヘ	ホ	セ	マ	メ	モ	チ	ツ	テ	ト
タ	ア	エ	シ	イ	オ	カ	マ	ヘ	ク	ケ
コ	シ	ソ	セ	エ	ミ	ム	ハ	フ	ア	キ
ウ	メ	ウ	ク	テ	ト	ア	エ	イ	ホ	マ
ミ	ム	タ	カ	モ	ア	ミ	メ	チ	ウ	オ
ヒ	コ	カ	サ	ク	ス	ケ	コ	サ	ス	ハ
ヒ	ソ	サ	ス	テ	ト	セ	フ	ヘ	ホ	キ
エ	マ	ム	コ	モ	ア	イ	オ	カ	キ	ク
ケ	ソ	ハ	ヒ	フ	ヘ	ホ	マ	ミ	ミ	ム
メ	モ	タ	チ	ツ	シ	ツ	ウ	オ	ウ	エ

Ⓑ↓

ワークをした日	1回目	2回目	3回目	4回目	5回目
	/	/	/	/	/

ポイント

行が変わるときに、読む場所をまちがえないように注意しましょう。

▶跳躍性眼球運動

ワーク 42 カタカナ探し③（虫食い）

はじめに、「シ」と「ケ」など、探す2文字を決めます。次に④から横方向にカタカナを読みながら、決めた文字を見つけたら○をつけましょう。さらに、新たな文字を決め、⑧から縦方向に読みながら○をつけましょう。

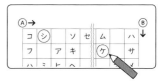

Ⓐ →　　　　　　　　　　　　　　　　　　　　Ⓑ ↓

コ	シ		ソ	セ	エ		ミ	ム		ハ
フ		ア	キ		オ	イ	カ	ケ		サ
ハ	ミ	ヒ	ヘ		ホ		セ		マ	メ
モ		チ	ミ	ム		タ		カ	モ	ア
メ	チ		ウ	オ	ツ		テ	ト		タ
ア		エ	シ	イ		オ		カ	ケ	ソ
ハ	ヒ	フ		ヘ	ホ		マ	ミ		マ
ヘ		シ	ス	セ	ソ		ク		ケ	ウ
モ	ア		イ		オ	カ		キ		ク
メ	ウ	フ		ク		テ	ト		ア	エ
イ		ホ	マ		ヒ	コ		カ	サ	ク

ワークをした日	1回目	2回目	3回目	4回目	5回目
	/	/	/	/	/

ポイント

スペースが空いていても、まどわされずに、文字を追って、決めた文字を探しましょう。

▶ 跳躍性眼球運動

ひらがなタッチ（あ〜ん）

「あ」から「ん」までの文字を見つけて、順番に声に出して読みながら指でタッチしていきましょう。

さ		い	と		そ		こ			へ
ぬ	み		か		す		ひ		も	ら
ほ	け		め		れ		よ	わ		お
た			の		あ		ち			て
え	り		ゆ		に		せ		ね	く
ふ		を	ろ		ま		な		る	む
や	つ		き		し		は	ん		う

ワークをした日	1回目	2回目	3回目	4回目	5回目
	／	／	／	／	／

ポイント
時間を計って、1回目より2回目が速くなるように心がけると、集中してできます。

ひらがなタッチ（あ〜と）

「あ」から「と」で始まる言葉を見つけて、順番に声に出して読みながら指でタッチしていきましょう。

おおきい　さくら　そうめん　うし

すいどう　たぬき　かぜ　とうきょう

くしゃみ　　　　　あめ　　　　　しか

つくえ　こおろぎ　ちょうちょ　けいと

いしゃ　きしゃ　てちょう　せかい　えだ

ワークを した日	1回目	2回目	3回目	4回目	5回目
	/	/	/	/	/

ポイント
時間を計ってやってみましょう。最初は印をつけながら、次は印をつけずに。

▶跳躍性眼球運動・眼と体のチームワーク

ワーク 45

ひらがなタッチ（な〜わ）

レベル ★ ★ ☆

「な」から「わ」で始まる言葉を見つけて、順番に声に出して読みながら指でタッチしていきましょう。

はっけん　やじうま　へいきん　むりょう

れいぞう　　めいじん　　のうぎょう

にんじゃ　るりいろ　ゆうこう　わに

みりょく　　ぬいもの　　りんどう

なんぼく　　ほんとう　　ろうそく

ふうりょく　　もぐら　　ひこう

らいねん　ねずみ　ようかん　まいにち

ワークをした日	1回目	2回目	3回目	4回目	5回目
	/	/	/	/	/

ポイント

時間を計ってやってみましょう。最初は印をつけながら、次は印をつけずに。

▶跳躍性眼球運動・眼と体のチームワーク

【解説 P.198 】

ワーク 46 カタカナタッチ

レベル ★★★

「ア」から「ン」までのカタカナを探して、順番に指でタッチしていきましょう。

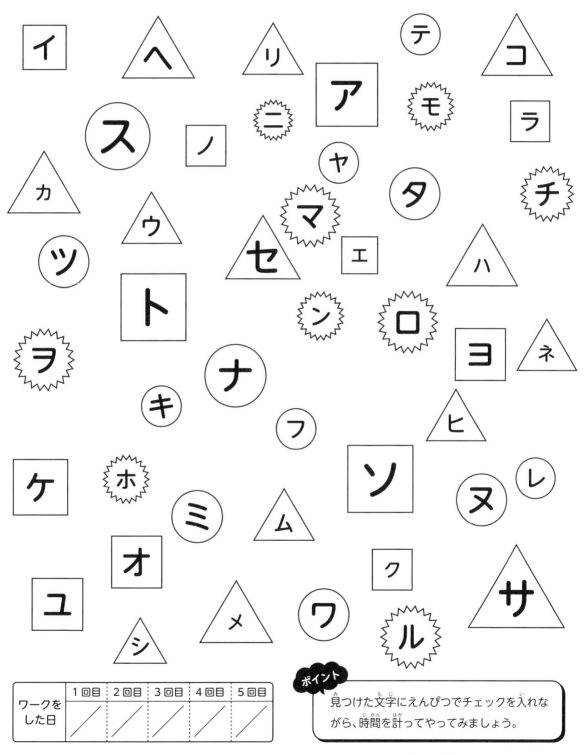

ワークを した日	1回目	2回目	3回目	4回目	5回目
	/	/	/	/	/

ポイント

見つけた文字にえんぴつでチェックを入れながら、時間を計ってやってみましょう。

▶跳躍性眼球運動・眼と体のチームワーク

ワーク 47 3つの言葉読み（横）

3つの言葉の集まりを一つ一つの言葉に区切りながら、声に出して読みましょう。
できるだけ、一定のリズムで読みましょう。

なわとび／つくえ／いす	クレヨン／ノート／カード
せみ／たまご／かぜ	ポスター／ドア／ボール
みかん／すいとう／はる	グループ／メモ／ライト
まぐろ／うみ／くじら	サラダ／レタス／バナナ
つめ／えんぴつ／くび	クラス／プール／スタート
はし／おわん／うなぎ	ネクタイ／ズボン／コート
ふゆ／こおり／ゆき	コアラ／ライオン／ペット
なかま／まんが／ほん	トラック／バイク／バス
こくばん／いけん／あさ	メール／デジタル／マスク
せんせい／くつ／ぼうし	イラスト／ランプ／ペンキ
つばさ／すずむし／あき	ベランダ／ビル／トイレ
ふじさん／つき／ひかり	ガス／シーソー／テント
こうえん／さくら／かぜ	ケーキ／パン／キッチン
ふでばこ／えいご／えき	ピアノ／スイッチ／ペン
にもつ／べんり／かさ	ラグビー／テニス／バレー
そら／かみなり／あめ	マラソン／ハワイ／リレー

ワークを した日	1回目	2回目	3回目	4回目	5回目
	／	／	／	／	／

ポイント

大人に「パン・パン・パン」と手を打ってリズムを取ってもらうと読みやすいでしょう。

▶跳躍性眼球運動

ワーク 48　3つの言葉読み（縦）

3つの言葉の集まりを一つ一つの言葉に区切りながら、声に出して読みましょう。
できるだけ、一定のリズムで読みましょう。

しんぶん／なみだ／そら
あじ／りゆう／えんそく
こくご／はなし／かお
あおぞら／よる／とざん
げんき／ぞう／てつぼう
さんすう／くすり／いろ
ともだち／やすみ／まえ
あさがお／みず／りか
うしろ／かぜ／せかい
うた／おんがく／くつ
ほし／ろうか／つなひき
たいいく／へちま／ちず
いえ／ずこう／おおかみ
かいもの／むかし／かご
たまいれ／おちば／わし

ハンカチ／ピンク／ベル
グリーン／バトン／インド
ミシン／リズム／ブルー
テーブル／ドイツ／オイル
ビデオ／ブラウス／パイプ
テント／トマト／チャイム
オレンジ／サイン／シャツ
テレビ／シューズ／ポンプ
エプロン／ベスト／ボタン
ピーマン／タオル／パン
ガラス／ダム／フランス
クイズ／ゲスト／ブラジル
イギリス／バス／ハンドル
ガソリン／ナイフ／モデル
コンパス／ポスト／タイル

ポイント
リズムを徐々に速くして読んでみましょう。

▶跳躍性眼球運動

ワーク 49　3つの言葉探し（横）

3つの言葉の集まりを一つ一つの言葉に区切りながら、声に出して読みましょう。
できるだけ、一定のリズムで読みましょう。

おべんとうどうぶつえんせっちゃくざい

きんぎょすくいぼうえんきょうはないちもんめ

おりたたみがさあさごはんおばけやしき

おたまじゃくしうみびらきしょうぼうしゃ

こうそくどうろめざましどけいむぎわらぼうし

ゆうえんちたなばたまつりおうだんほどう

しゃかいかけんがくはなしあいにゅうがくしき

キャッチボールカップラーメンハーモニカ

フレンチトーストファッションショーカンガルー

メリーゴーラウンドハンバーグスニーカー

フルーツバスケットマンボウアスパラガス

ソフトクリームハロウィンメロンパン

チャンピオンレッサーパンダアスレチック

チーズケーキイルミネーションミルクティー

ワークをした日	1回目	2回目	3回目	4回目	5回目
	/	/	/	/	/

ポイント

1行ごとに最後まで文字を眼で追ってから、一つ一つ言葉を区切って読みましょう。

▶跳躍性眼球運動

ワーク 50　3つの言葉探し（縦）

3つの言葉の集まりを一つ一つの言葉に区切りながら、声に出して読みましょう。
できるだけ、一定のリズムで読みましょう。

うちゅうひこうしうんどうかいかぞくりょこう

じゅぎょうさんかんひゃくにんいっしゅたからもの

こうちょうせんせいちゅうしゃじょうやきゅうせんしゅ

ひなんくんれんゆうびんばんごうとしょかん

けんこうしんだんみずたまりいろえんぴつ

もんしろちょうなつやすみけつえきがた

きょうりょくはっけんはずかしがりや

エスカレーターオムライスインターネット

アイスクリームサンタクロースオレンジジュース

プラネタリウムランドセルサッカーボール

ジャングルジムチョコレートデジタルカメラ

クリスマスツリーバスタオルマッサージ

コーヒーカップシャンプージェットコースター

レストランガソリンスタンドトイレットペーペー

ポイント
1行ごとに最後まで文字を眼で追ってから、一つ一つ言葉を区切って読みましょう。

▶跳躍性眼球運動

漢字ランダム読み①

レベル
★ ☆ ☆

Ⓐから横方向に、1行ずつ順番に漢字を読みましょう。すべて読み終わったら、Ⓑから縦方向に読みましょう。

Ⓑ
↓

Ⓐ→

やま	せい	たけ	つき	なか	まち
山	正	竹	月	中	町
ろく	なま	てん	あし	たま	みず
六	生	天	足	玉	水
かわ	あお	おんな	した	た	ひだり
川	青	女	下	田	左
よん	きゅう	き	ひ	むし	こ
四	九	気	火	虫	子
むら	いし	みみ	ひゃく	そう	せん
村	石	耳	百	早	先
にゅう	な	にち	ほん	き	くさ
入	名	日	本	木	草

ワークをした日	1回目	2回目	3回目	4回目	5回目
	/	/	/	/	/

ポイント

読み方は、ふりがなとちがっていても気にせず、できるようになったらふりがなを隠して!

▶跳躍性眼球運動

ワーク 52 — 漢字ランダム読み②

レベル ★★☆

Ⓐから横方向に、1行ずつ順番に漢字を読みましょう。すべて読み終わったら、Ⓑから縦方向に読みましょう。

Ⓑ ↓

Ⓐ →

月 つき	山 やま	正 せい	竹 たけ	外 そと	中 なか	町 まち	大 だい	森 もり	母 はは	前 まえ
六 ろく	天 てん	足 あし	家 いえ	生 なま	水 みず	玉 たま	糸 いと	出 しゅつ	朝 あさ	海 うみ
川 かわ	下 した	青 あお	女 おんな	田 た	左 ひだり	弟 おとうと	千 せん	男 おとこ	友 とも	風 かぜ
子 こ	四 よん	兄 あに	気 き	九 きゅう	火 ひ	虫 むし	小 しょう	五 ご	道 みち	昼 ひる
村 むら	石 いし	百 ひゃく	耳 みみ	牛 うし	先 せん	早 はや	玉 たま	犬 いぬ	姉 あね	戸 と
入 にゅう	今 いま	本 ほん	名 な	日 にち	木 き	草 くさ	手 て	学 がく	羽 はね	春 はる
貝 かい	口 くち	三 さん	赤 あか	黒 くろ	年 ねん	上 うえ	島 しま	夕 ゆう	算 さん	原 はら
西 にし	犬 いぬ	十 じゅう	右 みぎ	音 おと	雪 ゆき	王 おう	字 じ	林 はやし	秋 あき	里 さと
水 みず	月 つき	休 きゅう	七 しち	子 こ	女 おんな	鳥 とり	八 はち	人 ひと	紙 かみ	公 こう
円 えん	二 に	白 しろ	米 こめ	目 め	中 なか	車 くるま	空 そら	雨 あめ	首 くび	会 かい
星 ほし	妹 いもうと	市 いち	店 みせ	万 まん	夏 なつ	池 いけ	体 からだ	声 こえ	丸 まる	冬 ふゆ

ワークをした日	1回目	2回目	3回目	4回目	5回目
	／	／	／	／	／

ポイント

最初は一文字一文字ていねいにゆっくり読みましょう。次に少しスピードを上げて。

▶跳躍性眼球運動

ワーク 53　漢字ランダム読み③（虫食い）

Ⓐから横方向に、1行ずつ順番に漢字を読みましょう。すべて読み終わったら、Ⓑから縦方向に読みましょう。

Ⓐ→　　　　　　　　　　　　　　　　　　　　　　　　Ⓑ↓

雨（あめ）	黒（くろ）		木（き）	雪（ゆき）	森（もり）		糸（いと）	犬（いぬ）		草（くさ）
日（にち）		足（あし）	町（まち）	生（なま）		手（て）		雪（ゆき）	名（な）	百（ひゃく）
川（かわ）	音（おと）	女（おんな）		竹（たけ）	薬（くすり）		千（せん）		男（おとこ）	学（がく）
虫（むし）	気（き）		中（なか）	青（あお）		駅（えき）	小（しょう）	白（しろ）		式（しき）
花（はな）		百（ひゃく）	家（いえ）		羊（ひつじ）	弟（おとうと）	玉（たま）		姉（あね）	店（みせ）
牛（うし）	本（ほん）		外（そと）	日（にち）	草（くさ）		兄（あに）	鳥（とり）		友（とも）
海（うみ）		天（てん）	赤（あか）		中（なか）	上（うえ）		夕（ゆう）	算（さん）	声（こえ）
心（こころ）	十（じゅう）	右（みぎ）		詩（し）		王（おう）	道（みち）	秋（あき）		谷（たに）
朝（あさ）		休（きゅう）	七（しち）		全（ぜん）	先（せん）	八（はち）		紙（かみ）	歌（うた）
島（しま）	林（はやし）		米（こめ）	目（め）		車（くるま）		空（そら）		曲（きょく）
氷（こおり）		市（いち）	万（まん）	空（そら）		夏（なつ）		丸（まる）	表（おもて）

ワークをした日	1回目	2回目	3回目	4回目	5回目
	/	/	/	/	/

ポイント
空いているスペースにまどわされずに、文字を追っていきましょう。

▶ 跳躍性眼球運動

ワーク 54 熟語読み（1〜2年生向け）

レベル ★☆☆

右側の行から、熟語を声に出して読みましょう。

小川（おがわ）	山林（さんりん）	五本（ごほん）	人形（にんぎょう）	学校（がっこう）	音楽（おんがく）	右手（みぎて）
七色（なないろ）	親子（おやこ）	出口（でぐち）	青空（あおぞら）	空気（くうき）	下校（げこう）	雨天（うてん）
女子（じょし）	四角（しかく）	森林（しんりん）	夕日（ゆうひ）	九月（くがつ）	花火（はなび）	一円（いちえん）
上手（じょうず）	毛糸（けいと）	左足（ひだりあし）	番犬（ばんけん）	休日（きゅうじつ）	草花（くさばな）	王子（おうじ）
百点（ひゃくてん）	大学（だいがく）	三日月（みかづき）	見学（けんがく）	お年玉（としだま）	貝がら（かい）	一番（いちばん）

ワークをした日	1回目	2回目	3回目	4回目	5回目
	／	／	／	／	／

ポイント
熟語の読みは眼のトレーニングをしながら、国語の力もついていきます。

▶跳躍性眼球運動

ワーク 55 熟語読み（2～3年生向け）

右側の行から、熟語を声に出して読みましょう。

父親（ちちおや）　毎週（まいしゅう）　公園（こうえん）　草原（そうげん）　牛肉（ぎゅうにく）　馬車（ばしゃ）　春雨（はるさめ）

　母校（ぼこう）　日曜（にちよう）　東西（とうざい）　岩石（がんせき）　正午（しょうご）　晴天（せいてん）　夏休み（なつやすみ）

　兄弟（きょうだい）　今後（こんご）　南北（なんぼく）　谷間（たにま）　工作（こうさく）　雨雲（あまぐも）　秋晴れ（あきばれ）

　姉妹（しまい）　元気（げんき）　時間（じかん）　色紙（いろがみ）　半分（はんぶん）　雪国（ゆきぐに）　電話（でんわ）　日光（にっこう）

　自分（じぶん）　東京（とうきょう）　歌声（うたごえ）　古池（ふるいけ）　野原（のはら）　朝日（あさひ）

ワークを した日	1回目	2回目	3回目	4回目	5回目
	/	/	/	/	/

ポイント

一定のリズムで読んでいきましょう。1回目より2回目が速く読めるように意識しましょう。

▶ 跳躍性眼球運動

ワーク 56 熟語読み（3〜4年生向け）

右側の行から、熟語を声に出して読みましょう。

世界　安全　暗記　医者　漢字　意見

体育　病院　飲食　意味　生命　運転　化学

水泳　駅長　太陽　八百屋　温度

悪口　開会　青葉　寒空　感想　委員

物語　体育館　岸辺　返事　起立　期待

客席　研究　平野　急行　学級　勉強　曲線

宮中　野球　去年　石橋　様子

薬局　銀行　理由　苦労　道具　列車

ワークをした日

	1回目	2回目	3回目	4回目	5回目

ポイント

頭を動かさずに、眼だけを動かして読みます。
最初はゆっくり、だんだんスピードアップ！

▶ 跳躍性眼球運動

熟語読み（4～5年生向け）

レベル ★★★

右側の行から、熟語を声に出して読みましょう。

飛行　周辺　熱唱　笑顔　器具　周囲

必要　満足　参観　歴史　上司　国民

努力　反省　勇気　包帯　協力　卒業

最初　分別　印刷　説明　増加　成功

一億　老人　児童　共通　兵士　夕焼け

結果　倉庫　健康　左側　目的　労働

伝説　位置　低温　例外　便利　天候

不要　競争　以上　給食　命令　仲直り

ワークを した日	1回目	2回目	3回目	4回目	5回目
	/	/	/	/	/

ポイント

頭を動かさずに、眼だけを動かして読みます。
最初はゆっくり、だんだんスピードアップ！

▶跳躍性眼球運動

ワーク 58 — 熟語読み（5～6年生向け）

レベル ★★★

Ⓐから横方向に、1行ずつ順番に漢字を読みましょう。すべて読み終わったら、Ⓑから縦方向に読みましょう。

えいきゅう	かめん	じけん	せきにん	きほん	かち	こうしゃ	ほご	こせい	しゅうせい
永久	仮面	事件	責任	基本	価値	校舎	保護	個性	修正
じゅんび	がぞう	さいせい	はんだん	せいじ	ほうそく	こうか	ぎむ	きょか	きんく
準備	画像	再生	判断	政治	法則	効果	義務	許可	禁句
げんいん	だんけつ	あつりょく	そんざい	へいきん	じょうけん	こっきょう	むちゅう	ぞうげん	ふうふ
原因	団結	圧力	存在	平均	条件	国境	夢中	増減	夫婦
ようき	ほうふ	どうにゅう	じゅうきょ	きんぞく	ぬのじ	きょうみ	かんぶ	べんかい	よきん
容器	豊富	導入	住居	金属	布地	興味	幹部	弁解	預金
しゅっちょう	ふっこう	えいぎょう	じゅつご	りょうち	ぎゃくてん	たいじょう	めいろ	かこ	てきど
出張	復興	営業	述語	領地	逆転	退場	迷路	過去	適度
きけん	なまたまご	しんぞう	こきゅう	ごうひ	ぜんい	じゅもく	すいちょく	ちいき	えんそう
危険	生卵	心臓	呼吸	合否	善意	樹木	垂直	地域	演奏
しせい	けいざい	うちゅう	きたく	しゅうきょう	せんでん	ひみつ	すんぽう	せんねん	しょうらい
姿勢	経済	宇宙	帰宅	宗教	宣伝	秘密	寸法	専念	将来
そんけい	しげん	てんかい	こうそう	ぎもん	じこ	えまき	かいまく	いこく	ようじ
尊敬	資源	展開	高層	疑問	自己	絵巻	開幕	異国	幼児
ざせき	えんき	ほうりつ	たいさく	わかもの	じょうはつ	ないぞう	ぜっちょう	こきょう	ゆうびん
座席	延期	法律	対策	若者	蒸発	内蔵	絶頂	故郷	郵便
こうさん	かいじょ	へいか	ほしょう	ちゅうじつ	けんぽう	じが	ひはん	かくだい	たんにん
降参	解除	陛下	保障	忠実	憲法	自我	批判	拡大	担任

ワークをした日	1回目	2回目	3回目	4回目	5回目
	/	/	/	/	/

ポイント

読んでいる漢字だけを見て、周りの漢字は見ないようにしましょう。

▶ 跳躍性眼球運動

アルファベットランダム読み①

Ⓐから横方向に、1行ずつ順番にアルファベットを読みましょう。すべて読み終わったら、Ⓑから縦方向に読みましょう。

Ⓐ→

Ⓑ↓

K H A L O

G M R C Y

P B F U X

D Q V N I

T J E W S

ワークを した日	1回目	2回目	3回目	4回目	5回目
	/	/	/	/	/

ポイント

最初はアルファベット一文字一文字の読み方を確認してから進めるとよいでしょう。

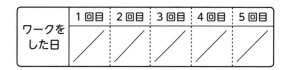

▶跳躍性眼球運動

【解説 P.201】

アルファベットランダム読み②

レベル ★★☆

Ⓐから横方向に、1行ずつ順番にアルファベットを読みましょう。すべて読み終わったら、Ⓑから縦方向に読みましょう。

Ⓐ→　　　　　　　　　　　　　　　　　　　　　　　　Ⓑ↓

Q W E R T Y U I O P

G J M N B V C X D A

Z S H L D A G H K E

M F C O I L P B N J

L K J H G F D S A Z

Q W U D A T C F X S

E V P R Z I L B H Y

J N Q K P U W R O M

Y A X E Z H D V J S

I F G L B M K N Y C

ワークをした日	1回目	2回目	3回目	4回目	5回目
	/	/	/	/	/

ポイント

ふだん見慣れていない文字なので、行を移動するとき、ずれないようにしましょう。

▶跳躍性眼球運動

ワーク 61 アルファベットランダム読み③（虫食い）

Ⓐから横方向に、1行ずつ順番にアルファベットを読みましょう。すべて読み終わったら、Ⓑから縦方向に読みましょう。

Ⓐ→

Ⓑ↓

M	E		A	Y	C		S		B
G	J	N	T	B		C		Z	A
F		H		N	A	G	K		E
O	F		R	I		B		N	J
S		J		G	H	D		S	A
C	W	F	A		Z		X		S
J		P	U	M		D	B		Y
Y	N		K		P	I		L	M
A		X	E	D	H		V		S
L	Q	G		B		P		Y	C

ワークをした日	1回目	2回目	3回目	4回目	5回目
	/	/	/	/	/

ポイント
空いているスペースにまどわされないように、注意して読んでいきましょう。

▶跳躍性眼球運動

アルファベットタッチ（小文字）

「a」から「z」までのアルファベットを探して、順番に指でタッチしていきましょう。

ワークをした日	1回目	2回目	3回目	4回目	5回目
	／	／	／	／	／

ポイント

見つけた文字にえんぴつでチェックを入れながら、時間を計ってやってみましょう。

▶跳躍性眼球運動・眼と体のチームワーク

ワーク 63 アルファベット探し（小文字）

レベル ★ ★ ☆

はじめに、「t」と「o」など、探す2文字を決めます。次に🅐から横方向にアルファベットを読みながら、決めたアルファベットを見つけて○をつけましょう。さらに、新たな文字を決め、🅑から縦方向に読みながら○をつけましょう。

🅐 →

g	d	h	b	e	t	n	o	j	r	k
i	p	o	u	l	f	s	v	m	t	q
w	c	d	h	y	j	f	p	i	a	x
g	l	q	k	n	z	e	s	b	o	m
z	e	r	h	g	v	l	c	k	d	y
a	u	f	b	n	j	m	w	i	t	z
o	x	t	d	y	r	h	b	v	j	p
q	f	z	g	e	u	w	i	s	c	a
k	v	m	q	x	t	a	p	y	n	s
r	z	c	u	l	b	o	f	d	g	w
h	n	r	k	t	m	i	s	u	l	e

🅑 ↓

ワークをした日	1回目	2回目	3回目	4回目	5回目

ポイント

ふだん見慣れていない文字なので、行を移動するとき、ずれないようにしましょう。

▶跳躍性眼球運動

英単語探し①

3文字の英単語が10種類、ランダムに並んでいます。その中から探す単語を決めて○で囲み、それが何個あるか、数えましょう。

cat dog map car ant tea

eye bed pen egg dog map

tea cat dog ant dog eye

dog car eye pen cat ant

tea eye dog egg map bed

ant pen car bed dog map

dog ant eye cat tea egg

eye bed pen ant map dog

ワークをした日	1回目	2回目	3回目	4回目	5回目
	/	/	/	/	/

ポイント

まず、10種類の単語を読んでみましょう。それから、決まった単語だけを探しましょう。

▶跳躍性眼球運動

ワーク 65

英単語探し②

レベル ★★★

4文字の英単語が7種類、ランダムに並んでいます。その中から探す単語を決めて○で囲み、それが何個あるか、数えましょう。

desk (door) card hand
face hand food desk

desk　door　card　pool　hand

face　hand　food　door　desk

pool　door　desk　face　food

card　food　card　door　hand

face　hand　door　desk　food

desk　door　pool　face　hand

food　hand　face　card　door

card　door　face　pool　food

ワークをした日	1回目	2回目	3回目	4回目	5回目
	／	／	／	／	／

ポイント

まず、7種類の単語を読んでみましょう。それから、決まった単語だけを探しましょう。

▶跳躍性眼球運動

数字タッチ①

バラバラに散らばった1から20までの数字を見て、1から順番に数字を探し、「1」「2」と声に出しながら指でタッチしましょう。次に、20から1へ順番にタッチしましょう。

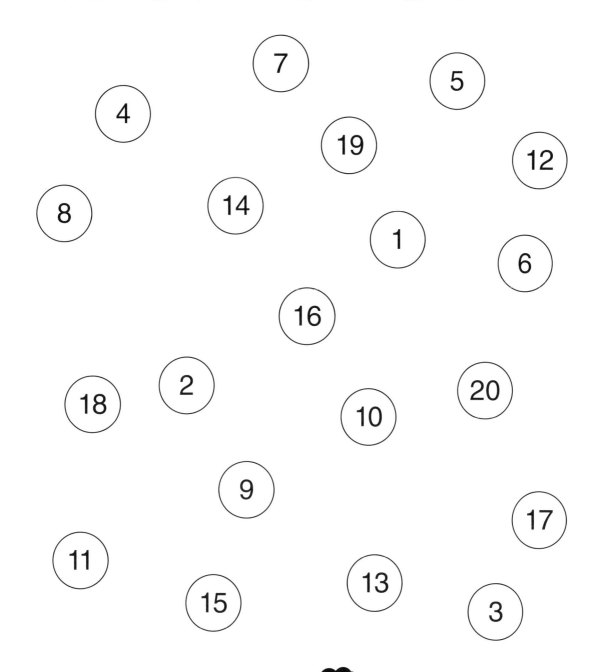

| ワークを
した日	1回目	2回目	3回目	4回目	5回目

ポイント
時間を計ってやってみましょう。タッチする手を右手、左手と変えてやってみましょう。

▶跳躍性眼球運動・眼と体のチームワーク

数字タッチ②

レベル
★ ★ ☆

バラバラに散らばった1から40までの数字を見て、1から順番に数字を探し、「1」「2」
と声に出しながら指でタッチしましょう。次に、40から1へ順番にタッチしましょう。

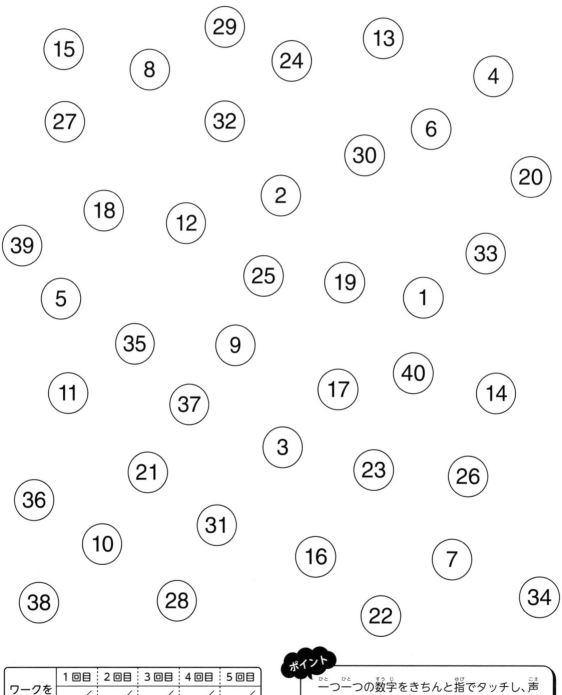

ワークを した日	1回目	2回目	3回目	4回目	5回目
	/	/	/	/	/

ポイント

一つ一つの数字をきちんと指でタッチし、声
に出して数字を読んでみましょう。

▶跳躍性眼球運動・眼と体のチームワーク

数字タッチ③

バラバラに散らばった1から40までの数字を見て、1から順番に数字を探し、「1」「2」と声に出しながら指でタッチしましょう。次に、40から1へ順番にタッチしましょう。

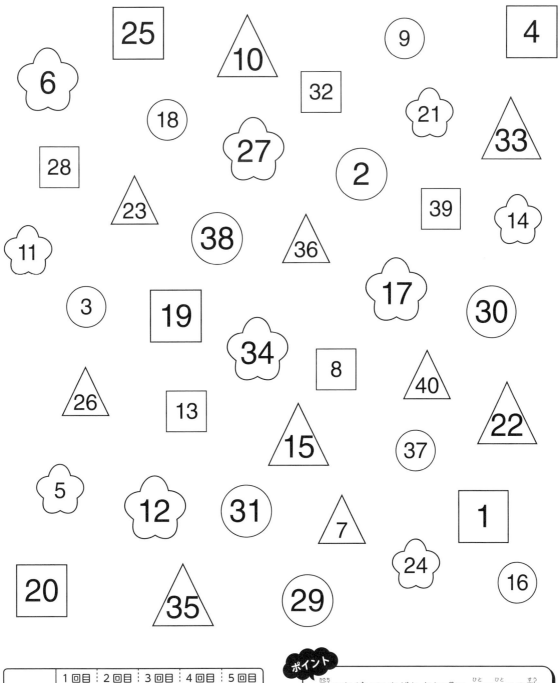

ワークをした日	1回目	2回目	3回目	4回目	5回目
	/	/	/	/	/

ポイント

形のちがいにまどわされずに、一つ一つの数字をきちんと指でタッチしましょう。

▶跳躍性眼球運動・眼と体のチームワーク

数字タッチ④

バラバラに散らばった1から50までの数字を見て、1から順番に数字を探し、「1」「2」と声に出しながら指でタッチしましょう。次に、50から1へ順番にタッチしましょう。

| ワークを
した日	1回目	2回目	3回目	4回目	5回目
	/	/	/	/	/

ポイント

時間を計ってやってみましょう。なるべく顔を動かさないことを意識してやりましょう。

▶跳躍性眼球運動・眼と体のチームワーク

数字レース①

レベル
★ ☆ ☆

左上から横方向へ、数字の下に鉛筆で線を引いていきます。1行目は左から右へ、次の行は右から左へと進みましょう。また、数字を1つ決め、線を引きながら、その数字に○をつけましょう。

「5」など決めた数字のところに来たら、えんぴつを紙からはなさず○で囲む。

4 8 7 3 1 9 7 ⑤ 2 0 6
9 ⑤ 4 0 3 6 2 1 4 8 7

4 8 7 3 1 9 7 5 2 0 6

9 5 4 0 3 6 2 1 4 8 7

2 7 2 8 1 4 0 5 6 3 9

6 0 5 7 5 2 1 4 9 8 3

1 8 6 3 1 9 5 7 0 4 2

5 6 1 4 8 2 0 6 7 3 9

8 4 0 9 7 3 6 2 8 5 1

7 3 4 0 5 2 1 3 9 6 8

ワークをした日	1回目	2回目	3回目	4回目	5回目
	/	/	/	/	/

ポイント

線は真っすぐていねいに引きましょう。指定する数字は、毎回変えてやってみましょう。

ワーク 71 数字レース②

レベル
★ ★ ☆

スタートからゴールまで、数字をジグザグにたどりながら線を引いていきます。また、「3」「4」「5」など、数字を3つ決め、「3は□」「4は△」「5は○」など、線を引きながら決めた数字を記号で囲みましょう。

数字から数字へ、ジグザグに線を引きながら、紙からえんぴつをはなさずに、3つの数字それぞれを□、△、○で囲む。

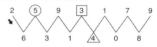

スタート						ゴール
2	5	9	3	1	7	9

	6	3	1	4	0	8

- -

スタート						ゴール
5	7	0	8	3	9	1

	4	2	6	9	7	3

- -

スタート						ゴール
0	5	3	9	0	1	8

	6	2	7	3	1	4

ワークをした日	1回目	2回目	3回目	4回目	5回目
	/	/	/	/	/

ポイント

線はていねいに引きましょう。慣れてきたら、スピードアップしてやってみましょう。

仲間を探せ（動物①）

はじめに、25 ひきの動物の中から、「ウサギ」など、探す動物を決めます。次に決めた動物を見つけたら○で囲みましょう。

ワークをした日	1回目	2回目	3回目	4回目	5回目

ポイント

眼で追いかけるルールをつくってやりましょう（横に進んでいく、縦に進んでいくなど）。

▶跳躍性眼球運動・眼と体のチームワーク

ワーク
73

仲間を探せ（動物②）

レベル ★ ★ ☆

はじめに、49ひきの動物の中から、「ゾウ」と「ネコ」など、探す動物を2種類決めます。
次に決めた動物を見つけたら○で囲みましょう。

ワークを した日	1回目	2回目	3回目	4回目	5回目
	/	/	/	/	/

ポイント

7種類の動物の名前を確認して、ちがいをとらえてから、進めましょう。

ワーク 74

仲間を探せ（動物③）

はじめに、大きさがバラバラの 36 ぴきの動物の中から、「ウシ」「トラ」「キツネ」など、探す動物を 3 種類決めます。次に決めた動物を見つけたら、それぞれを○、□、△で囲みましょう。

ウシは○、トラは□、キツネは△で囲む。

ワークをした日	1 回目	2 回目	3 回目	4 回目	5 回目
	/	/	/	/	/

ポイント

大きさがちがっても、種類は同じものであることを確認してから始めましょう。

▶跳躍性眼球運動・眼と体のチームワーク

仲間を探せ（野菜①）

レベル
★ ☆ ☆

はじめに、25個の野菜の中から、「ナス」など、探す野菜を決めます。次に決めた野菜を見つけたら○で囲みましょう。

ワークを した日	1回目	2回目	3回目	4回目	5回目
	／	／	／	／	／

ポイント

5種類の野菜の名前を確認してから始めましょう。

▶跳躍性眼球運動・眼と体のチームワーク

ワーク 76　仲間を探せ（野菜②）

はじめに、49個の野菜の中から、「タマネギ」と「ピーマン」など、探す野菜を2種類決めます。次に決めた野菜を見つけたら○で囲みましょう。

ワークを した日	1回目	2回目	3回目	4回目	5回目
	/	/	/	/	/

ポイント

7種類の野菜の名前を確認してから始めましょう。

▶跳躍性眼球運動・眼と体のチームワーク

ワーク 77

仲間を探せ（文ぼう具①）

はじめに、25個の文ぼう具の中から、「消しゴム」など、探す文ぼう具を決めます。
次に決めた文ぼう具を見つけたら○で囲みましょう。

ワークを した日	1回目	2回目	3回目	4回目	5回目
	/	/	/	/	/

ポイント

5種類の文ぼう具の名前を確認してから始め
ましょう。

仲間を探せ（文ぼう具②）

はじめに、49個の文ぼう具の中から、「はさみ」と「のり」など、探す文ぼう具を
2種類決めます。次に決めた文ぼう具を見つけたら◯で囲みましょう。

| ワークを
した日	1回目	2回目	3回目	4回目	5回目
	/	/	/	/	/

ポイント

7種類の文ぼう具の名前を確認してから始め
ましょう。

▶跳躍性眼球運動・眼と体のチームワーク

ワーク 79

仲間を探せ（混合①）

はじめに、49個の絵の中から、「ゾウ」「ナス」「えんぴつ」など、探す絵を3種類決めます。次に決めた絵を見つけたら、それぞれを○、□、△で囲みましょう。

ワークをした日	1回目	2回目	3回目	4回目	5回目

ポイント

動物、野菜、文ぼう具と異なる種類のものが並んでいることを確認してから始めましょう。

ワーク 80 仲間を探せ（混合②）

はじめに、大きさがバラバラの 36 個の絵の中から、「ピーマン」「クマ」「はさみ」など、探す絵を 3 種類決めます。次に決めた絵を見つけたら、それぞれを○、□、△で囲みましょう。

ワークをした日	1回目	2回目	3回目	4回目	5回目
	/	/	/	/	/

ポイント

大きさがちがっても、種類は同じものであることを確認してから始めましょう。

▶跳躍性眼球運動・眼と体のチームワーク

仲間を探せ（2けたの数字①）

レベル
★ ★ ☆

はじめに、下に並んだ2けたの数字の中から、探す数字（例えば、97 とか、41 とか）を決めます。次に決めた数字を見つけたら○で囲みましょう。

97	86	52	25	34	41	73	16
12	14	21	63	25	43	60	97
73	45	78	37	69	11	45	63
25	12	97	11	34	52	60	73
37	16	69	86	45	63	43	52
63	52	63	97	21	14	41	78
43	60	86	69	16	12	11	45
34	14	25	73	97	37	45	69
45	60	63	43	11	41	52	21
41	97	52	12	25	45	78	37
69	45	73	25	45	60	34	41
16	60	14	41	11	97	69	43
78	63	86	41	37	21	25	14
11	25	60	16	12	34	69	97

ワークを した日	1回目	2回目	3回目	4回目	5回目
	/	/	/	/	/

ポイント

はじめは一つ一つ数字を声に出して読みながら探すとよいでしょう。

▶跳躍性眼球運動・眼と体のチームワーク

仲間を探せ（2けたの数字②）

はじめに、下に並んだ2けたの数字の中から、探す数字（例えば、21とか45とか）を決めます。次に決めた数字を見つけたら○で囲みましょう。

21　　32　　45　　18　　23　　97　　43　　65

　　66　　98　　17　　39　　71　　79　　28

48　　83　　22　　45　　32　　66　　32　　21

　　17　　43　　59　　90　　83　　77　　90

18　　97　　65　　28　　32　　20　　98　　79

　　22　　77　　39　　17　　79　　39　　59

45　　18　　59　　83　　23　　65　　66　　48

　　97　　28　　98　　17　　22　　98　　39

71　　32　　45　　79　　28　　32　　22　　98

　　23　　71　　98　　28　　23　　98　　32

65　　90　　20　　83　　39　　21　　98　　45

　　43　　79　　22　　17　　59　　45　　20

97　　18　　77　　48　　66　　79　　71　　66

　　66　　98　　18　　22　　39　　90　　28

ワークを した日	1回目	2回目	3回目	4回目	5回目
	/	/	/	/	/

ポイント

はじめは一つ一つ数字を声に出して読みながら探すとよいでしょう。

▶跳躍性眼球運動・眼と体のチームワーク

ワーク 83 仲間を探せ（3けたの数字）

はじめに、下に並んだ3けたの数字の中から、探す数字（例えば、793とか777とか）を決めます。次に決めた数字を見つけたら、いくつあるか数えましょう。

793	211	886	149	315	516
128	624	454	777	535	
902	793	100	696	422	237
777	211	505	516	689	
454	237	606	444	232	315
232	689	321	535	606	
516	128	505	100	211	321
100	444	232	422	696	
624	886	454	696	535	100
149	315	606	149	211	
321	505	902	237	777	128
422	696	422	232	505	
315	516	128	886	902	793
444	535	454	689	149	

ワークをした日	1回目	2回目	3回目	4回目	5回目
	/	/	/	/	/

ポイント

数字を見つけたら、指でタッチしながら、数えていきましょう。

▶跳躍性眼球運動・眼と体のチームワーク

ワーク 84

仲間を探せ（4けたの数字）

はじめに、下に並んだ4けたの数字の中から、探す数字（例えば、7963 とか 5992 とか）を決めます。次に決めた数字を見つけたら、いくつあるか数えましょう。

5992　7963　6718　8577　4931　2022

3388　1810　5610　9520　4165　1962

6232　2197　4221　3628　4212　6099

4165　5992　8577　2022　1810　5610

4931　6718　4221　7963　7963　1962

6099　9520　4212　5992　6099　2022

3388　2022　5610　6232　4221　3628

7963　2197　9520　5610　4931　6099

1810　1962　4212　4165　3388　6718

3628　5992　2197　8577　4165　6232

2022　4931　9520　1962　7963　6232

6718　4165　3388　9520　5992　1810

ワークを した日	1回目	2回目	3回目	4回目	5回目
	/	/	/	/	/

ポイント

慣れるまでは、見つけた数字に印をつけてから数えるとよいでしょう。

▶跳躍性眼球運動・眼と体のチームワーク

ワーク **85**

計算ビジョン①

レベル
★ ☆ ☆

数字を足したり、引いたりして、答えを右の四角の中に書きましょう。

$5 + 9 - 3 + 8 = \square$

$7 + 8 - 2 - 3 + 5 = \square$

$4 + 9 - 6 + 8 - 1 = \square$

$7 - 1 - 3 + 8 - 4 - 2 = \square$

$1 + 8 - 9 + 3 + 5 - 4 = \square$

$3 + 2 - 4 + 8 - 7 + 6 = \square$

$5 + 6 - 3 + 1 - 4 - 2 = \square$

ワークを した日	1回目	2回目	3回目	4回目	5回目
	/	/	/	/	/

ポイント

式を声に出して読みながら計算しましょう。

計算ビジョン②

数字を足したり、引いたりして、答えを右の四角の中に書きましょう。

$6 + 3 - 6 + 4 - 7 + 1 = \square$

$3 + 6 - 2 + 9 - 5 - 4 = \square$

$4 + 9 - 2 + 7 - 3 + 6 = \square$

$8 + 5 + 6 - 3 + 4 - 3 = \square$

$7 - 2 - 4 + 5 + 5 - 9 = \square$

$2 + 9 - 3 + 6 - 3 - 2 + 7 = \square$

$5 - 1 - 3 + 8 - 4 - 2 + 4 = \square$

$2 + 5 - 1 + 7 - 4 + 2 + 6 = \square$

$5 - 2 - 3 + 5 - 4 + 7 - 3 = \square$

$6 + 9 - 6 + 1 + 4 - 2 - 1 = \square$

| ワークを
した日	1回目	2回目	3回目	4回目	5回目
	/	/	/	/	/

ポイント

頭の中で計算しながら、眼を動かしましょう。

▶跳躍性眼球運動・眼と体のチームワーク

似た形のアルファベット①

ちがいに気をつけて、左から右へアルファベットを読みましょう。

→

p　d　q　b　q

p　q　p　a　d

a　b　q　p　d　a

b　a　q　a　d　a

p　d　q　b　d　p

ワークを した日	1回目	2回目	3回目	4回目	5回目

ポイント

指や腕でpやdなどをつくりながら読んでみましょう。最初はゆっくり、徐々にスピードアップ！

▶跳躍性眼球運動

似た形のアルファベット②

ちがいに気をつけて、左から右へアルファベットを読みましょう。

→

d d q p d a a

q p a d q d p

a b q p p a d q

b a q a d a p

p d q b d a d

q p a q p q a b

ポイント
最初はゆっくり、徐々にスピードアップして読んでみましょう。

▶跳躍性眼球運動

百人一首①

レベル
★☆☆

百人一首の歌を読んでみましょう。右から縦に読み、左の行へ移って読みます。

↓

花の

うつりに

いたづらに

世に

ながめ

小野小町

色は

けりな

わが身

ふる

せしまに

ワークを した日	1回目	2回目	3回目	4回目	5回目
	/	/	/	/	/

ポイント

リズムをつけて、声に出して読んでみましょう。何回も読んでみましょう。

▶跳躍性眼球運動

ワーク 90 百人一首②

レベル ★☆☆

百人一首の歌を読んでみましょう。右から縦に読み、左の行へ移って読みます。

↓

君が

春の

出でて

わが

雪は

光孝天皇

ため

野に

若菜つむ

衣手に

ふりつつ

ポイント

眼をジャンプさせて読む感覚をつかめるまで、くり返し読んでみましょう。

ワークをした日	1回目	2回目	3回目	4回目	5回目
	／	／	／	／	／

▶跳躍性眼球運動

百人一首③

百人一首の歌を読んでみましょう。右から縦に読み、左の行へ移って読みます。

↓

秋の田の
いほの
あらみ
ころも手は
ぬれ

↓

ほととぎす
つる
なが
ただ
月ぞ

天智天皇

かりほの
とまを
わが
つゆに
つつ

後徳大寺左大臣

鳴き
かたを
むれば
ありあけの
残れる月ぞ

ワークをした日	1回目	2回目	3回目	4回目	5回目
	/	/	/	/	/

ポイント

くり返し読んでみましょう。暗記してしまうくらい何回も読みましょう。

百人一首④

百人一首の歌を読んでみましょう。右から縦に読み、左の行へ移って読みます。

↓

春

夏来に

白たへの

衣ほす

天の

持統天皇

過ぎて

けらし

てふ

香具山

↓

田子の浦に

うちいでて

白たへの

高ねに

降りつつ

山部赤人

みれば

富士の

雪は

ポイント

ほかの百人一首についても、紙に書いて、同じように読んでみましょう。

ワークをした日	1回目	2回目	3回目	4回目	5回目
	/	/	/	/	/

▶跳躍性眼球運動

【解説 P.208】

ワーク 93

ブロックストリングス①

★ ☆ ☆

下の絵のように、ワークシートを眼の高さで真っすぐ持ち、左眼と右眼の位置に眼を合わせて、●→▲→■の順番にそれぞれの形を5秒ずつ見ましょう。次に、逆の順番で見ましょう。

── **ワークシートの持ち方** ──

眼の高さで
水平に持つ。

左眼

右眼

ワークをした日	1回目	2回目	3回目	4回目	5回目
	/	/	/	/	/

ポイント

正しい見え方なら、寄り眼にしていくと、図形の中心に線が交差して見えます。

▶両眼のチームワーク

ブロックストリングス②

ワークシートを眼の高さで真っすぐ持ち、左眼と右眼の位置に眼を合わせて、①から⑤までの数字を順番に見ましょう。これを5回くり返しましょう。

① ② ③ ④ ⑤

左眼　　　右眼

ワークをした日	1回目	2回目	3回目	4回目	5回目
	/	/	/	/	/

ポイント
正しい見え方なら、寄り眼にしていくと、図形の中心に線が交差して見えます。

▶両眼のチームワーク

【解説 P.208】

ブロックストリングス③

ワークシートを眼の高さで真っすぐ持ち、左眼と右眼の位置に眼を合わせて、①から⑨までの数字を順番に見ましょう。これを 3 回くり返しましょう。

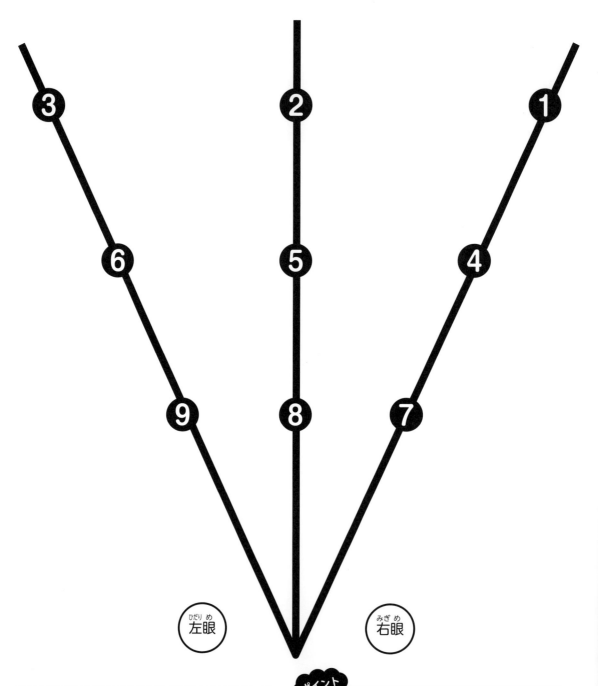

左眼

右眼

ワークをした日	1回目	2回目	3回目	4回目	5回目
	/	/	/	/	/

ポイント

慣れてきたら、逆の順でもやってみましょう。

▶両眼のチームワーク

ワーク **96**	ブロックストリングス④	レベル ★★☆

ワークシートを眼の高さで真っすぐ持ち、左眼と右眼の位置に眼を合わせて、①から⑫までの数字を順番に見ましょう。これを 3 回くり返しましょう。

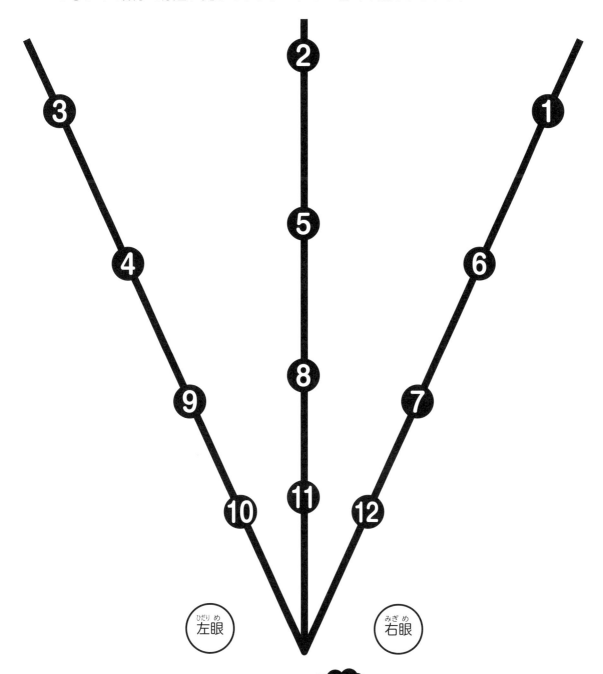

ワークを した日	1 回目	2 回目	3 回目	4 回目	5 回目
	／	／	／	／	／

ポイント

苦手な向きがあれば、そこをくり返しやってみましょう。

▶両眼のチームワーク

ワーク 97

3D ビジョン①
（スリーディー）

ワークシートを顔の正面に持って、①から順番に寄り眼とはなし眼で図を見ます。
やり方は下の絵を参考にして、それぞれ1〜3分くらい行いましょう。

寄り眼のやり方
右眼で左の○を、左眼で右の○を見る。正しくできれば、円が3つに見え、真ん中の円の外側が飛び出して見える。

はなし眼のやり方
右眼で右の○を、左眼で左の○を見る。はじめはシートを近づけて○を見て、少しずつはなしていくと、円が3つに見え、真ん中の円の外側が奥にしずんで見える。

①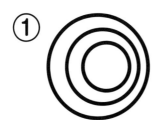

②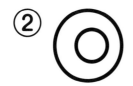

③

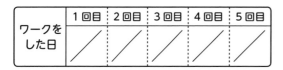

ワークをした日	1回目	2回目	3回目	4回目	5回目
	/	/	/	/	/

ポイント
寄り眼もはなし眼もワークシートを顔から少し遠ざけるとやりやすいでしょう。

▶両眼のチームワーク

【解説 P.209】

ワーク 98 3D ビジョン②

ワークシートを顔の正面に持って、①から順番に寄り眼とはなし眼で図を見ます。
それぞれ1〜3分くらい行いましょう。

①

②

③

ワークを した日	1回目	2回目	3回目	4回目	5回目
	/	/	/	/	/

ポイント
一番簡単な①から練習して、できるように
なったら②③もやってみましょう。

▶両眼のチームワーク

ワーク 99

3D ビジョン③

ワークシートを顔の正面に持って、①から順番に寄り眼とはなし眼で図を見ます。
それぞれ1〜3分くらい行いましょう。

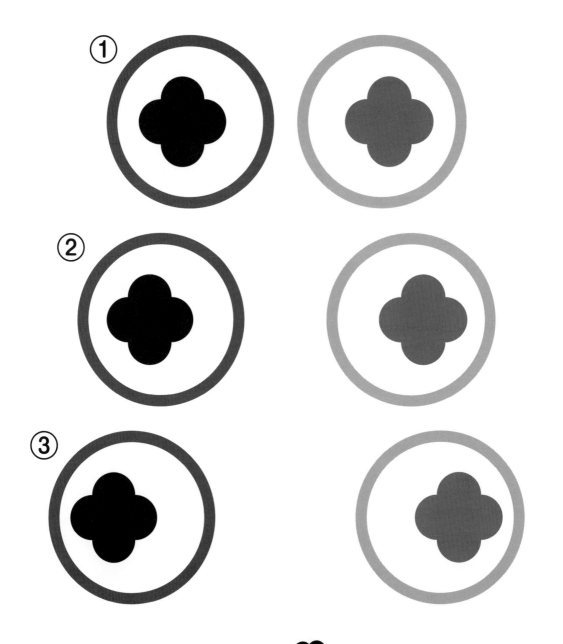

| ワークを
した日	1回目	2回目	3回目	4回目	5回目
	／	／	／	／	／

ポイント

寄り眼もはなし眼もワークシートを顔から少し遠ざけるとやりやすいでしょう。

▶両眼のチームワーク

3D ビジョン④

ワークシートを顔の正面に持って、①から⑦までの数字を上から順に、寄り眼とはなし眼で見ます。それぞれ1〜3分くらい行いましょう。

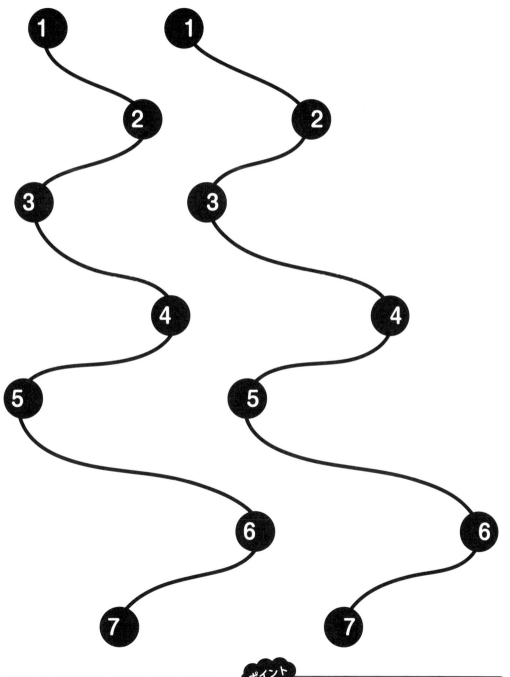

ワークをした日	1回目	2回目	3回目	4回目	5回目
	/	/	/	/	/

ポイント

正しくできれば、寄り眼もはなし眼も数字のマークが3つに見えます。

▶両眼のチームワーク

両手でグルグル①

左右両方の手にえんぴつを 1 本ずつ持ち、図形の線と線の間をなぞります。下の図のように、外回り、内回り、右回り、左回りを行いましょう。

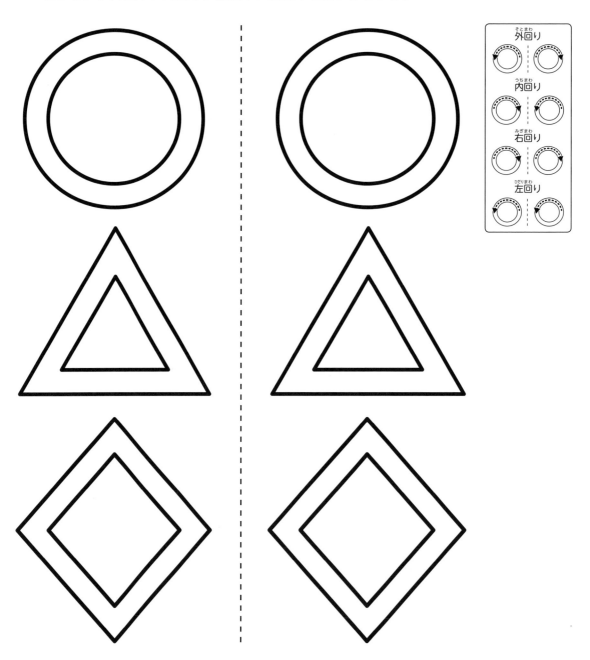

外回り

内回り

右回り

左回り

| ワークを
した日	1回目	2回目	3回目	4回目	5回目
	/	/	/	/	/

ポイント

2つの図形の間（点線）を見ながら、なるべくはみ出さないようにやってみましょう。

【解説 P.210】

ワーク 102 両手でグルグル②

レベル ★★☆

左右両方の手にえんぴつを1本ずつ持ち、図形の線と線の間をなぞります。下の図のように、外回り、内回り、右回り、左回りを行いましょう。

外回り

内回り

右回り

左回り

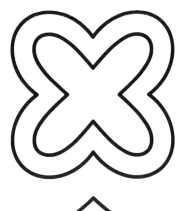

ワークをした日	1回目	2回目	3回目	4回目	5回目

ポイント

なるべくはみ出さないように、また左右を同じ速さでやってみましょう。

▶眼と体のチームワーク

ワーク
103

方向体操①

レベル
★ ☆ ☆

Ⓐから横方向へ順番に〇を見て、〇の線が切れている方向を指でさしましょう。次に、Ⓑから縦方向へ、〇の線が切れている方向を指でさしましょう。

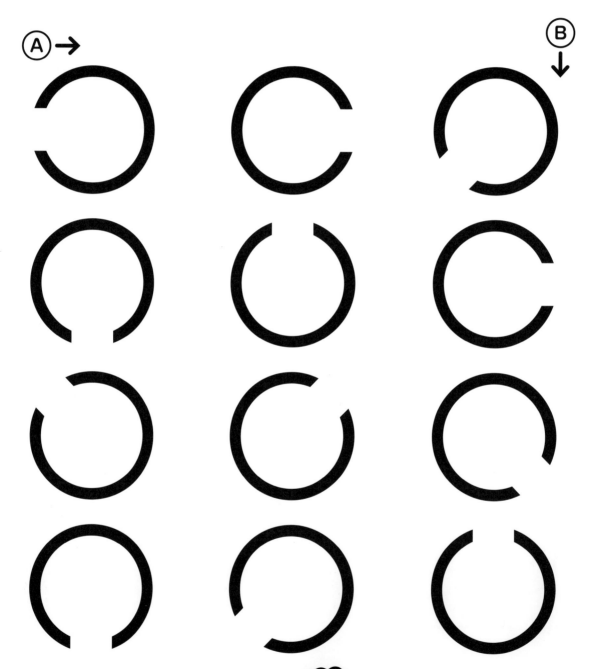

ワークをした日	1回目	2回目	3回目	4回目	5回目
	╱	╱	╱	╱	╱

ポイント

「左」「右」「左下」などと、声に出しながら指をさしましょう。両手で輪をつくりながらやってみましょう。

▶眼と体のチームワーク

方向体操②

Ⓐから横方向へ順番に〇を見て、〇の線が切れている方向を指でさしましょう。次に、
Ⓑから縦方向へ、〇の線が切れている方向を指でさしましょう。

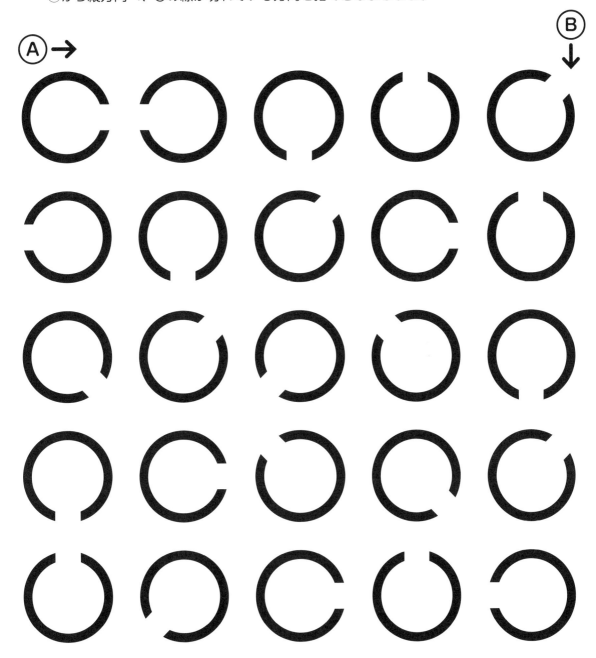

ワークを した日	1回目	2回目	3回目	4回目	5回目

ポイント

シートをコピーして、1～3mくらいはなれた壁
にはってやってみましょう。

▶眼と体のチームワーク

指立て体操①

Ⓐから横方向へ順番に、絵と同じになるように指を立てましょう。次に、Ⓑから縦方向へ、絵と同じになるように指を立てましょう。

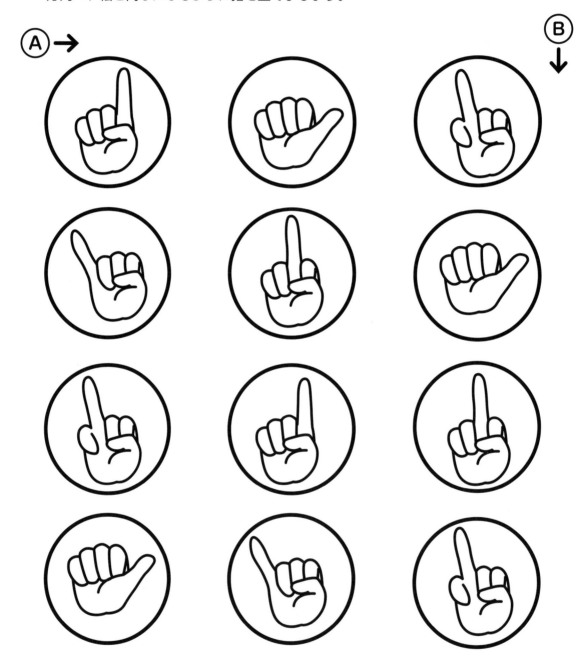

ワークを した日	1回目	2回目	3回目	4回目	5回目
	╱	╱	╱	╱	╱

ポイント

なるべくほかの指がいっしょに立たないように、注意しましょう。両手でもやってみましょう。

▶眼と体のチームワーク

ワーク
106

指立て体操②

レベル
★ ★ ☆

Ⓐから横方向へ順番に、絵と同じになるように両手で指を立てましょう。次に、Ⓑから縦方向へ、絵と同じになるように指を立てましょう。

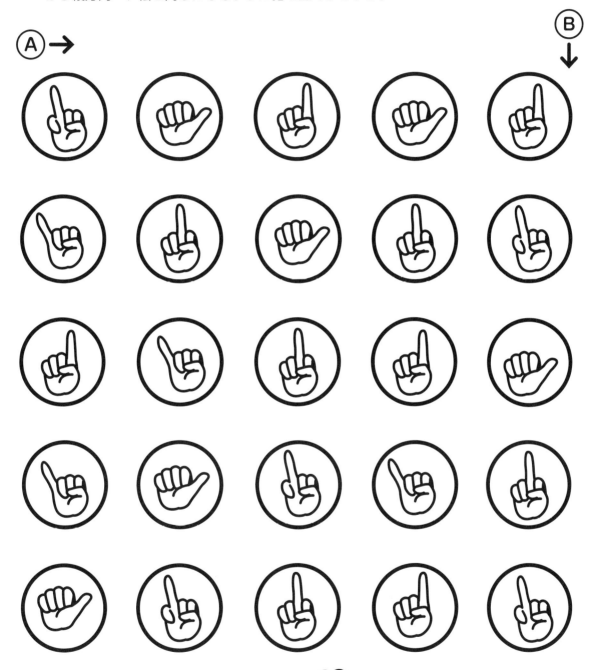

ワークをした日	1回目	2回目	3回目	4回目	5回目
	/	/	/	/	/

ポイント
右手と左手を交互にやってみたり、両手でやってみたりしましょう。

▶眼と体のチームワーク

【解説 P.212】

ワーク 107 手ジャンケン体操①

レベル
★ ☆ ☆

Ⓐから横方向へ順番に、グー・チョキ・パーの手の絵を見ながら、あいこになるように ジャンケンをしましょう。次に、Ⓑから縦方向へ、あいこになるようにジャンケンをしましょう。勝つ手（負ける手）になるパターンもやってみましょう。

ワークを した日	1回目	2回目	3回目	4回目	5回目
	/	/	/	/	/

ポイント

はじめは「パー」「グー」「チョキ」と声に出してやると、やりやすいでしょう。

手ジャンケン体操②

Ⓐから横方向へ順番に、グー・チョキ・パーの手の絵を見ながら、あいこになるように２つ続けてジャンケンをしましょう。次に、Ⓑから縦方向へ、あいこになるように２つ続けてジャンケンをしましょう。

Ⓐ→

ワークをした日	1回目	2回目	3回目	4回目	5回目

ポイント

はじめは「チョキ・グー」「グー・パー」などと声に出してやると、やりやすいでしょう。

▶眼と体のチームワーク

【解説 P.212】

ワーク 109 足ジャンケン体操①

レベル ★ ★ ☆

Ⓐから横方向へ順番に、グー・チョキ・パーの絵に勝つように足ジャンケンをしましょう。次に、Ⓑから縦方向へ、絵に勝つように足ジャンケンをしましょう。

足ジャンケンのポーズ

グー　チョキ　パー

Ⓐ →

Ⓑ ↓

ワークをした日	1回目	2回目	3回目	4回目	5回目
	/	/	/	/	/

ポイント

はじめに、足ジャンケンのやり方を確認してから始めましょう。

▶眼と体のチームワーク

足ジャンケン体操②

レベル
★ ★ ☆

Ⓐから横方向へ順番に、グー・チョキ・パーの絵に勝つように足ジャンケンをしましょう。次に、Ⓑから縦方向へ、絵に勝つように足ジャンケンをしましょう。

Ⓐ →

ワークを した日	1回目	2回目	3回目	4回目	5回目
	/	/	/	/	/

ポイント

はじめはていねいにゆっくり、だんだんスピードアップしていきましょう。

▶眼と体のチームワーク

まねっこゲーム（手①）

Ⓐから横方向へ順番に、絵と同じポーズになるように両手を動かしましょう。次に、Ⓑから縦方向へ、絵と同じポーズになるように両手を動かしましょう。

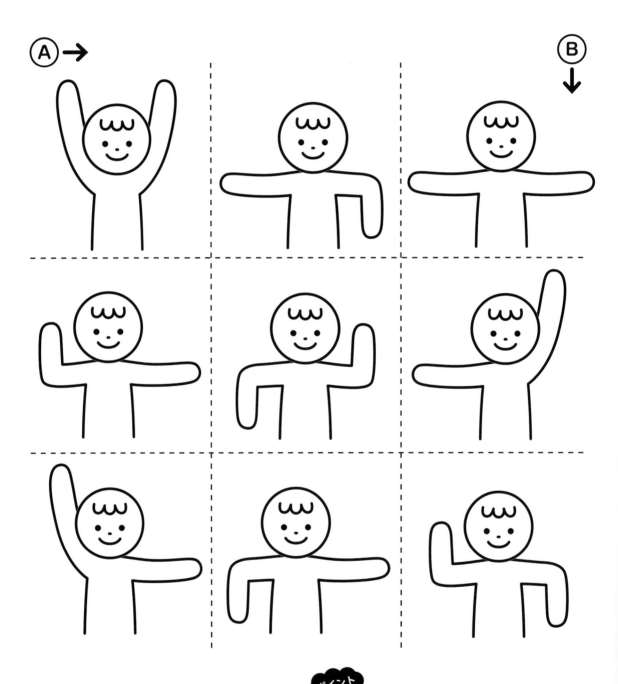

ワークをした日	1回目	2回目	3回目	4回目	5回目
	/	/	/	/	/

ポイント
見やすい場所にはったり、大人にワークの紙を持ってもらったりしてやりましょう。

▶眼と体のチームワーク

ワーク 112 まねっこゲーム（手②）

Ⓐから横方向へ順番に、絵と同じポーズになるように両手を動かしましょう。次に、Ⓑから縦方向へ、絵と同じポーズになるように両手を動かしましょう。

ワークをした日	1回目	2回目	3回目	4回目	5回目

ポイント

手の角度をなるべくまねして、直角やななめなど、正確にやってみましょう。

▶眼と体のチームワーク

ワーク 113　まねっこゲーム（足①）

Ⓐから横方向へ順番に、絵と同じ足の位置になるように、両足を動かしましょう。次に、Ⓑから縦方向へ、同じように両足を動かしましょう。

足の動かし方
絵と同じように足を動かす。

Ｖの字に　　右足を前に

Ⓐ→　　　　　　　　　　　Ⓑ↓

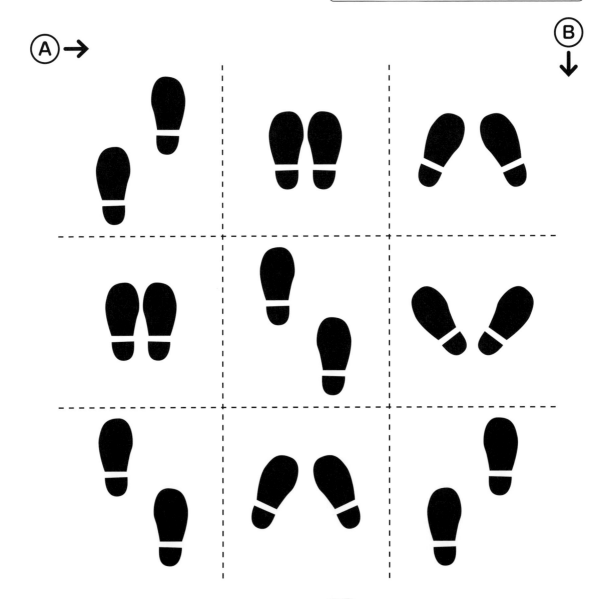

ワークをした日	1回目	2回目	3回目	4回目	5回目

ポイント
大人に紙を持ってもらい、頭を動かさないように。最初はすわってやってもいいでしょう。

ワーク 114 まねっこゲーム（足②）

Ⓐから横方向へ順番に、絵と同じ足の位置になるように、両足を動かしましょう。
次に、Ⓑから縦方向へ、同じように両足を動かしましょう。

Ⓐ→

Ⓑ↓

	1回目	2回目	3回目	4回目	5回目
ワークを した日					

ポイント
最初はすわってやってみて、次に立ってやっ
てみましょう。

▶眼と体のチームワーク

ワーク 115　まねっこゲーム（手・足①）

Ⓐから横方向へ順番に、手足を使った絵を見ながら同じポーズになるように、両手・両足を動かしましょう。次に、Ⓑから縦方向へ、同じように両手・両足を動かしましょう。

Ⓑ ↓

Ⓐ →

ワークをした日	1回目	2回目	3回目	4回目	5回目
	╱	╱	╱	╱	╱

ポイント

全身が映る鏡を見ながら、自分のポーズを確認するとよいでしょう。

▶眼と体のチームワーク

ワーク 116 まねっこゲーム（手・足②）

レベル ★★★

Ⓐから横方向へ順番に、手足を使った絵を見ながら同じポーズになるように、両手・両足を動かしましょう。次に、Ⓑから縦方向へ、同じように両手・両足を動かしましょう。

ワークをした日	1回目	2回目	3回目	4回目	5回目
	/	/	/	/	/

ポイント

手拍子などに合わせて、ポーズを変えていくとよいでしょう。

▶ 眼と体のチームワーク

ワーク 117　まねっこゲーム（手・足・眼）

スタートから太い矢印の順番に、絵と同じポーズになるように両手・両足を動かしましょう。同時に眼を←‥→↑↓のように上下左右に動かしましょう。

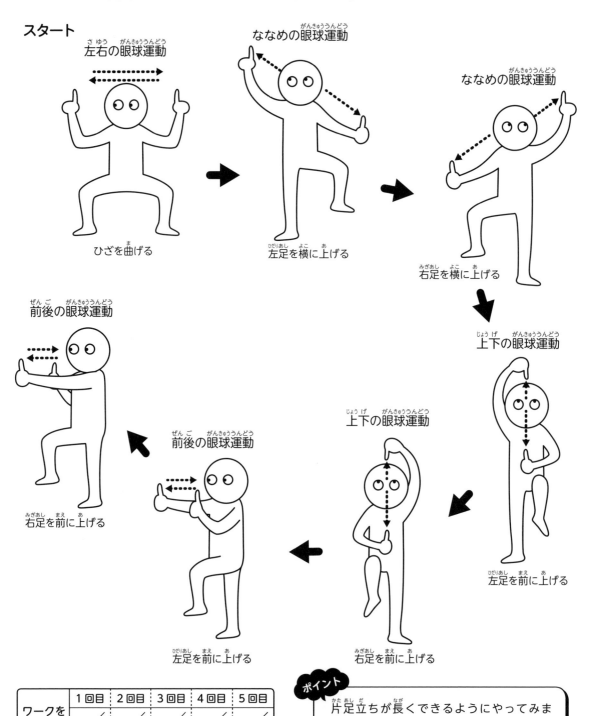

スタート

左右の眼球運動
ひざを曲げる

ななめの眼球運動
左足を横に上げる

ななめの眼球運動
右足を横に上げる

上下の眼球運動
左足を前に上げる

上下の眼球運動
右足を前に上げる

前後の眼球運動
左足を前に上げる

前後の眼球運動
右足を前に上げる

ワークをした日	1回目	2回目	3回目	4回目	5回目
	/	/	/	/	/

ポイント

片足立ちが長くできるようにやってみましょう。

▶眼と体のチームワーク・跳躍性眼球運動・両眼のチームワーク

ワーク 118 矢印体操（上下左右①）

右の図のように、矢印の指示に従ってポーズを取りましょう。はじめに Ⓐから横方向へ、次にⒷから縦方向へ順番にポーズを取りましょう。

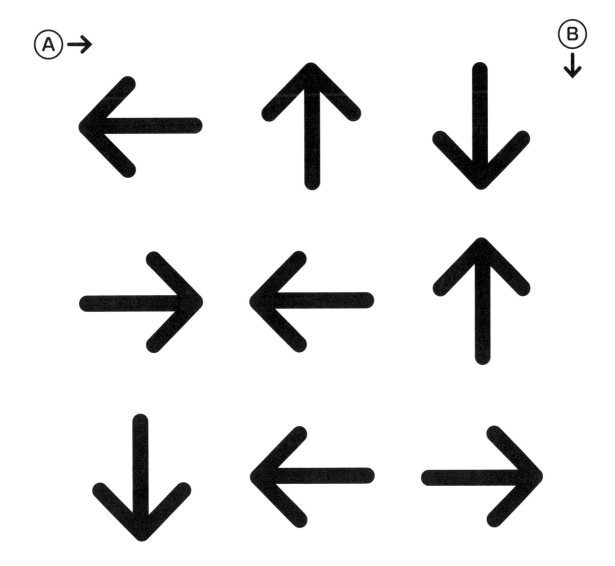

ワークをした日	1回目	2回目	3回目	4回目	5回目

ポイント

矢印の方向を見て、「左」「上」「下」「右」などと、声に出してやってみましょう。

▶眼と体のチームワーク

ワーク 119

矢印体操（上下左右②）

右の図のように、矢印の指示に従ってポーズを取りましょう。はじめに Ⓐから横方向へ、次に Ⓑから縦方向へ順番にポーズを取りましょう。

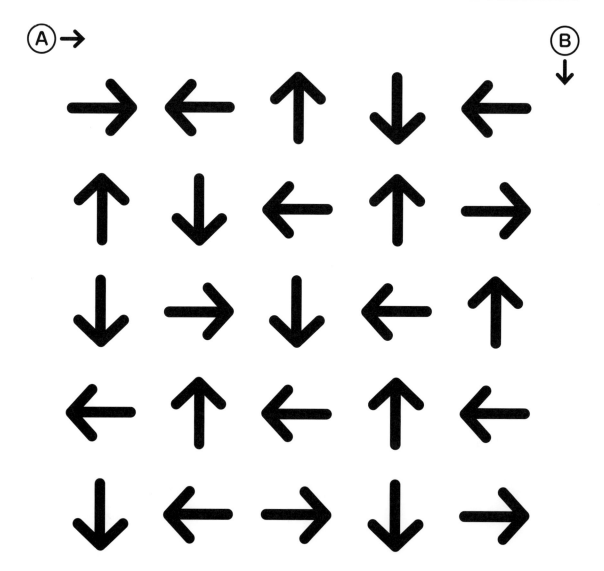

ワークをした日	1回目	2回目	3回目	4回目	5回目

ポイント

手拍子やメトロノームなどのリズムに合わせ、徐々に速くしてやってみましょう。

矢印体操（ななめ）

右の図のように、矢印の指示に従って
ステップをふみましょう。はじめにⒶ
から横方向へ、次にⒷから縦方向へ順
番にステップをふみましょう。

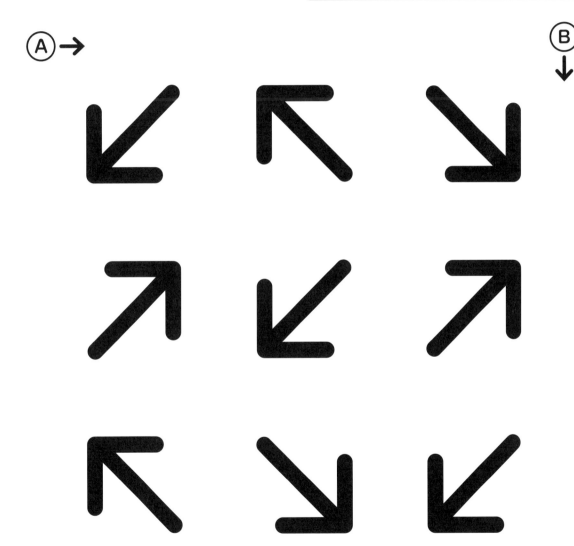

ワークを した日	1回目	2回目	3回目	4回目	5回目
	/	/	/	/	/

ポイント

メトロノームのリズムに合わせて動き、徐々
に速くしていきましょう。

ワーク 121 矢印体操（前後左右ななめ）

レベル ★★★

下の図のように、矢印の指示に従ってステップをふみましょう。はじめに Ⓐ から横方向へ、次に Ⓑ から縦方向へ順番にステップをふみましょう。

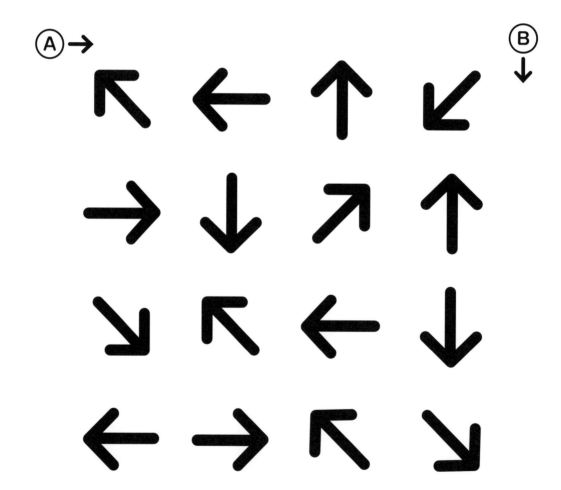

ワークをした日	1回目	2回目	3回目	4回目	5回目

ポイント

できるようになってきたら、リズムを速く、ステップの幅を広くしていきましょう。

ワーク 122 点つなぎ（図形①）

見本と同じように、四角の中の点と点を結んで線を引き、形をかきましょう。

見本

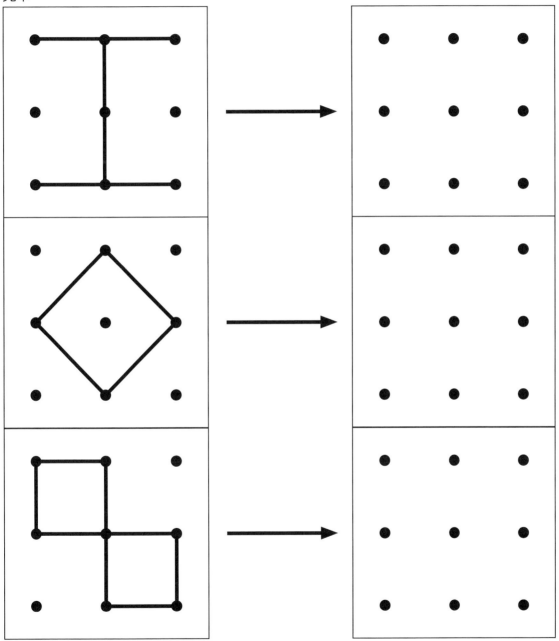

ワークをした日	1回目	2回目	3回目	4回目	5回目

ポイント

真っすぐな線を引きましょう。難しいときは、上に紙を置いてなぞりましょう。

▶視空間認知・眼と体のチームワーク

ワーク 123 点つなぎ（図形②）

見本と同じように、四角の中の点と点を結んで線を引き、形をかきましょう。

見本

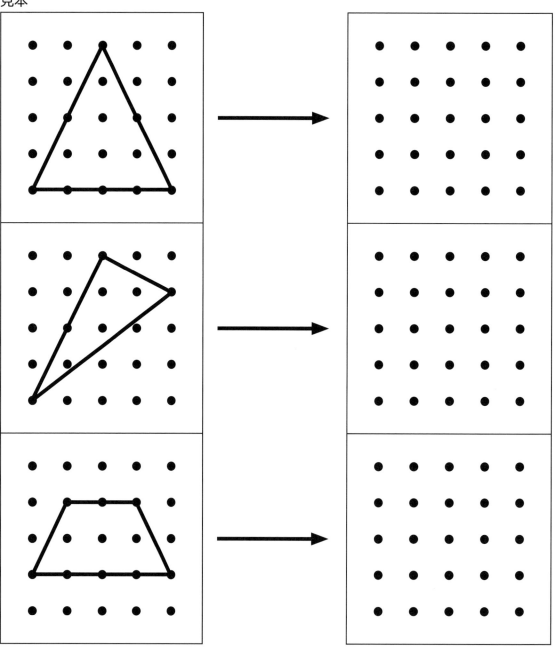

ワークをした日	1回目	2回目	3回目	4回目	5回目
	╱	╱	╱	╱	╱

ポイント

点からずれないように、真っすぐな線が引けるように練習しましょう。

▶視空間認知・眼と体のチームワーク

点つなぎ（図形③）

見本と同じように、四角の中の点と点を結んで線を引き、形をかきましょう。

見本

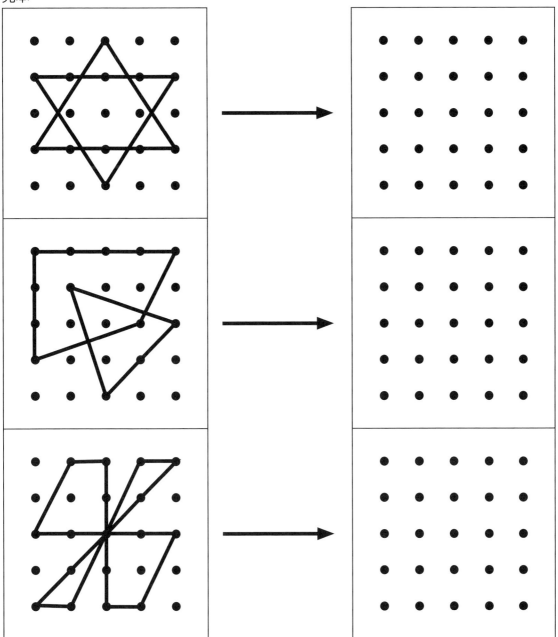

ワークを した日	1回目	2回目	3回目	4回目	5回目
	/	/	/	/	/

ポイント

見本は1つずつ見やすいように、ほかの見本を紙などでかくしながらやるとよいでしょう。

▶視空間認知・眼と体のチームワーク

ワーク 125 点つなぎ（図形④）

見本と同じように、四角の中の点と点を結んで線を引き、形をかきましょう。

見本

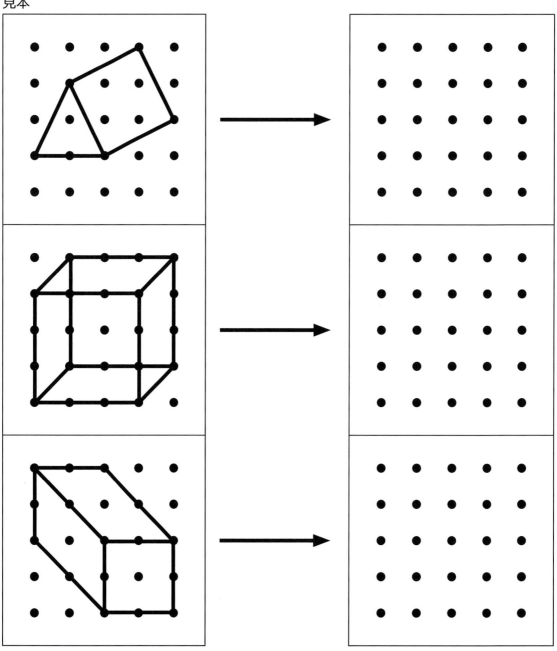

ワークを	1回目	2回目	3回目	4回目	5回目
した日	/	/	/	/	/

ポイント
見本は1つずつ見やすいように、ほかの見本を紙などでかくしながらやるとよいでしょう。

▶視空間認知・眼と体のチームワーク

点つなぎ（図形⑤）

見本と同じように、四角の中の点と点を結んで線を引き、形をかきましょう。

見本

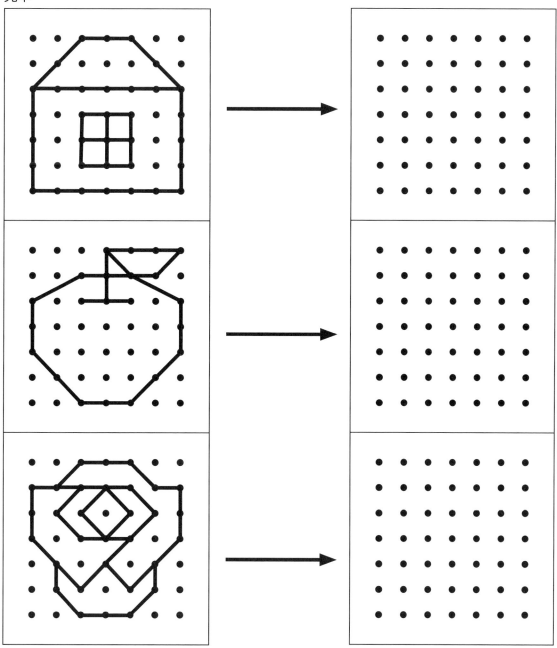

ワークを した日	1回目	2回目	3回目	4回目	5回目

ポイント

複雑な図形ほど、定規を使って、きちんとした直線を引くと、かきやすいでしょう。

▶視空間認知・眼と体のチームワーク

ワーク 127 点つなぎ（カタカナ①）

見本と同じように、四角の中の点と点を結んで線を引き、カタカナをかきましょう。

見本

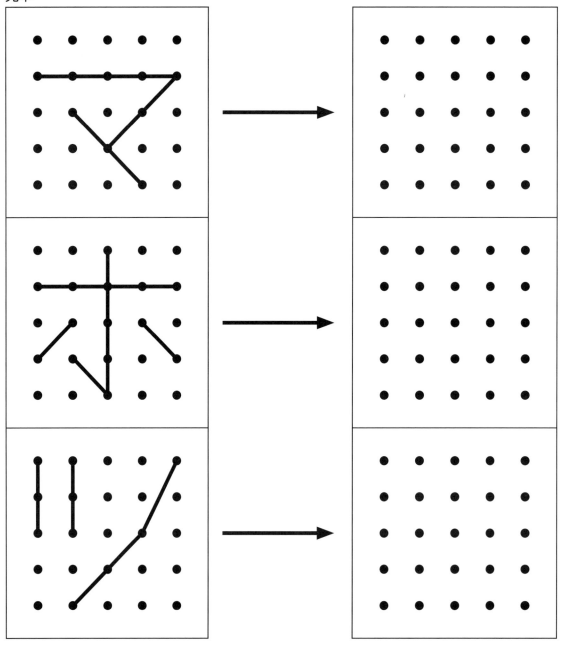

ワークをした日	1回目	2回目	3回目	4回目	5回目
	/	/	/	/	/

ポイント

カタカナは画数が少ないので、一度見本を見たら、後はかくしてやってみましょう。

▶ 視空間認知・眼と体のチームワーク

点つなぎ（カタカナ②）

レベル
★★☆

見本と同じように、四角の中の点と点を結んで線を引き、カタカナをかきましょう。

見本

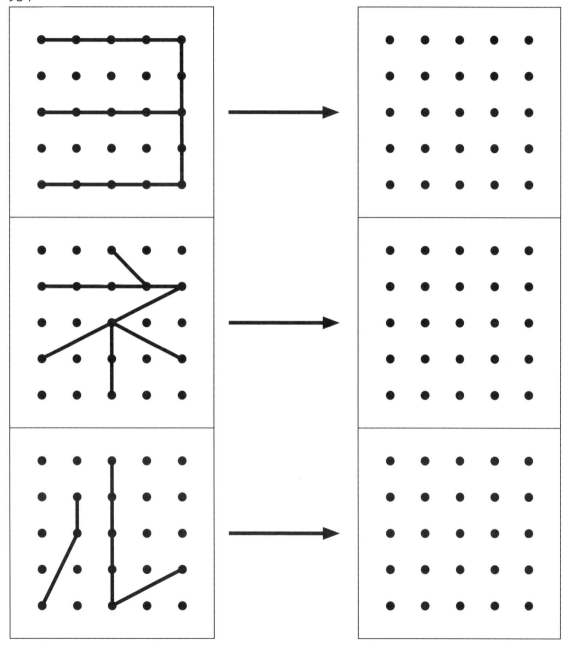

ワークを した日	1回目	2回目	3回目	4回目	5回目
	/	/	/	/	/

ポイント

216・217ページにすべてのカタカナの見本があるので、ほかのカタカナにもトライ！

▶視空間認知・眼と体のチームワーク

ワーク 129 点つなぎ（数字①）

見本と同じように、四角の中の点と点を結んで線を引き、数字をかきましょう。

見本

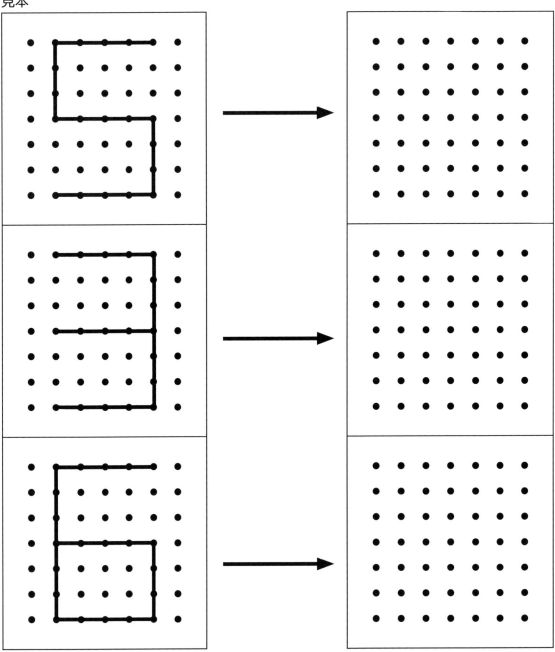

ワークをした日	1回目	2回目	3回目	4回目	5回目

ポイント

デジタルの数字などで、目にする形です。時計などを見たりして、興味を広げましょう。

点つなぎ（数字②）

見本と同じように、四角の中の点と点を結んで線を引き、数字をかきましょう。

見本

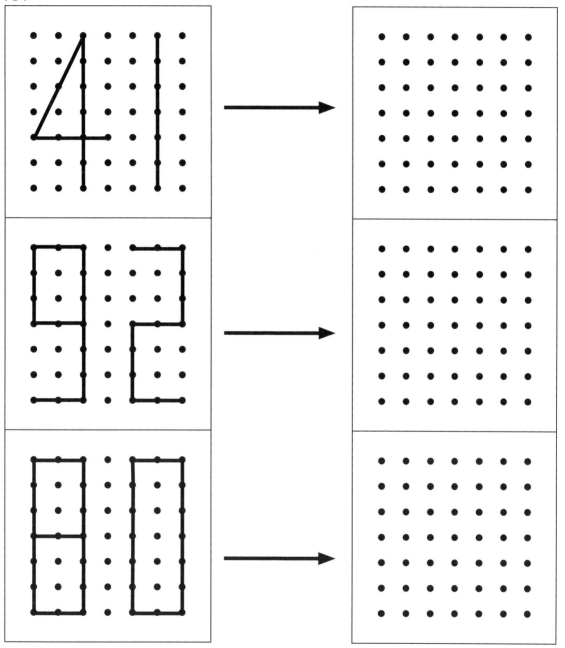

| ワークを
した日	1回目	2回目	3回目	4回目	5回目
	／	／	／	／	／

ポイント

解答用のマスを2つ使って、西暦などもかいてみましょう。

▶視空間認知・眼と体のチームワーク

ワーク 131 点つなぎ（アルファベット①）

レベル ★ ☆ ☆

見本と同じように、四角の中の点と点を結んで線を引き、アルファベットをかきましょう。

見本

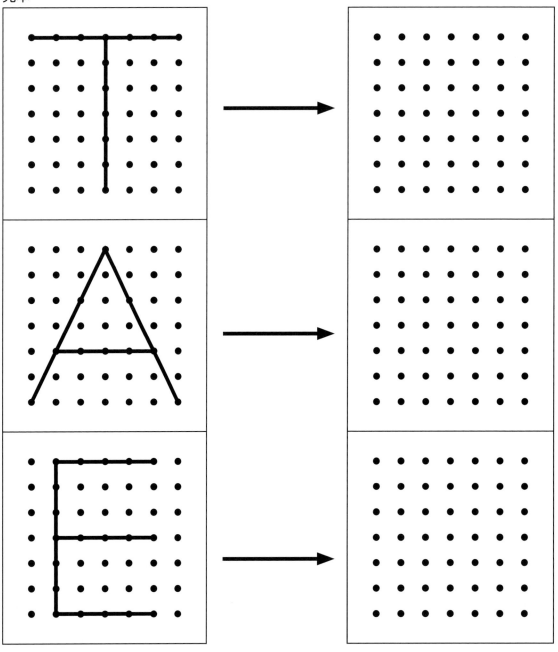

ワークを した日	1回目	2回目	3回目	4回目	5回目
	/	/	/	/	/

ポイント

アルファベットのうち、大文字は比較的、点つなぎしやすい形。名前もかいてみましょう。

点つなぎ（アルファベット②）

見本と同じように、四角の中の点と点を結んで線を引き、アルファベットをかきましょう。

見本

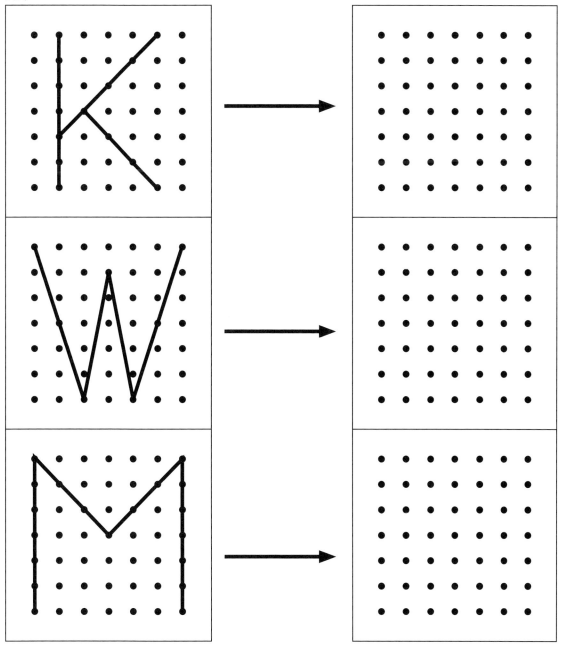

ワークを した日	1回目	2回目	3回目	4回目	5回目
	/	/	/	/	/

ポイント

点つなぎでしっかり練習すると、アルファベットの形が頭に入るでしょう。

▶視空間認知・眼と体のチームワーク

点つなぎ（漢字①）

見本と同じように、四角の中の点と点を結んで線を引き、漢字をかきましょう。

見本

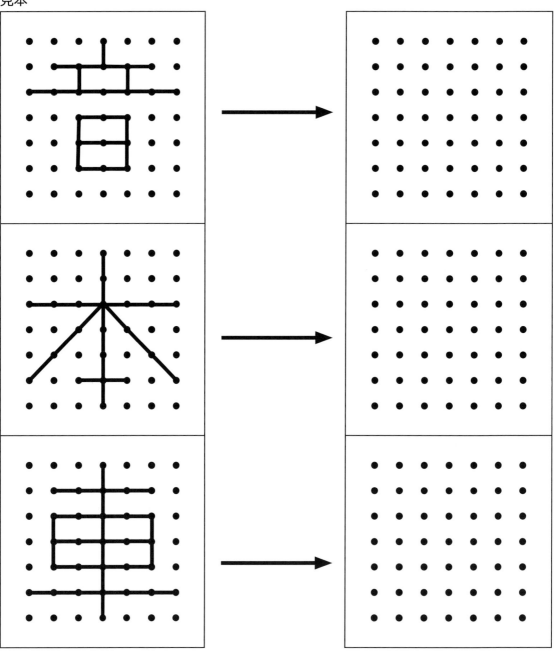

ワークを した日	1回目	2回目	3回目	4回目	5回目

ポイント

やさしい漢字なので、一度見本を見て覚えたら、後は見ずに点つなぎでかいてみましょう。

▶視空間認知・眼と体のチームワーク

点つなぎ（漢字②）

見本と同じように、四角の中の点と点を結んで線を引き、漢字をかきましょう。

見本

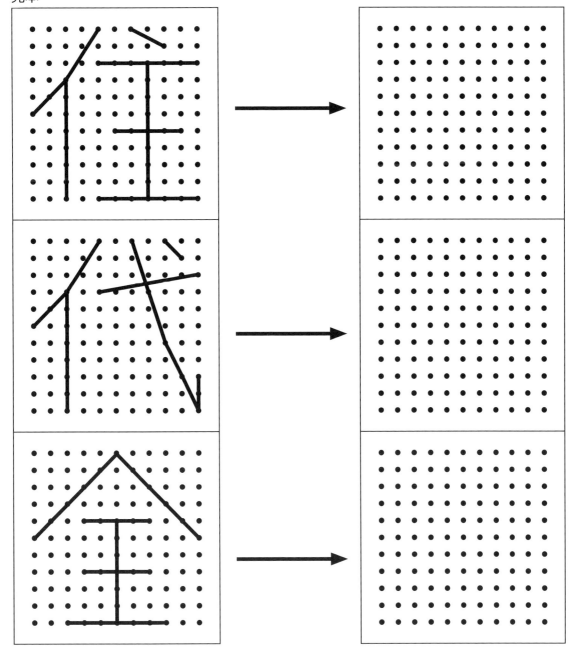

ワークを した日	1回目	2回目	3回目	4回目	5回目
	/	/	/	/	/

ポイント

「住」の1画目や、「代」の1画目、4画目などは、
起点と終点の間にも通る点を決めています。

▶視空間認知・眼と体のチームワーク

ワーク 135 点つなぎ（漢字③）

レベル ★★★

見本と同じように、四角の中の点と点を結んで線を引き、漢字をかきましょう。

見本

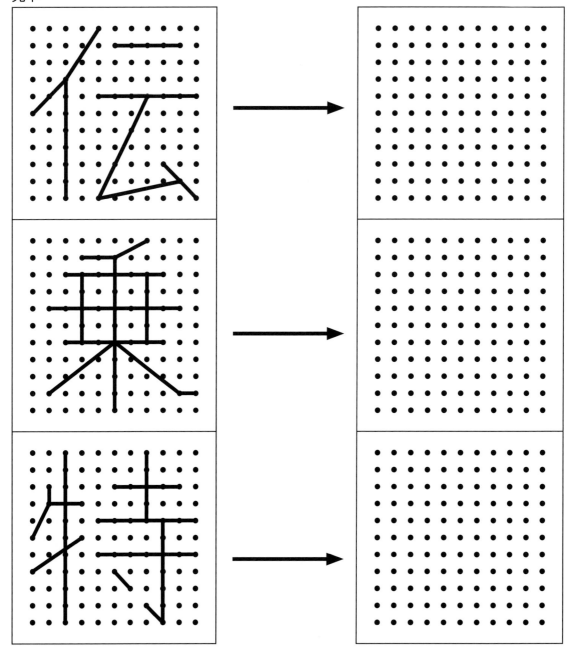

	1回目	2回目	3回目	4回目	5回目
ワークをした日	/	/	/	/	/

ポイント

漢字の1画1画を意識してかくことになるので、漢字を覚えるのにも効果的です。

【解説 P.218】

テングラム・パズル①

三角形や四角形のテングラム・パズルを使って、①～⑤と同じ形をつくりましょう。

巻末のテングラム・パズルを切りはなして使います。

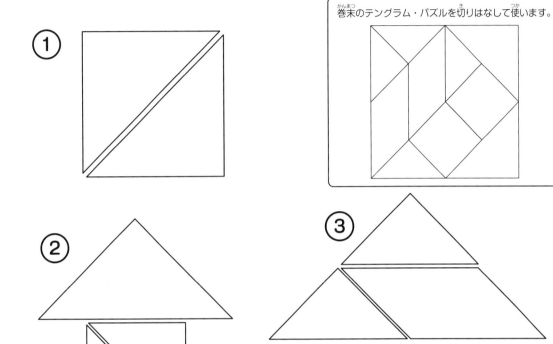

① ② ③ ⑤

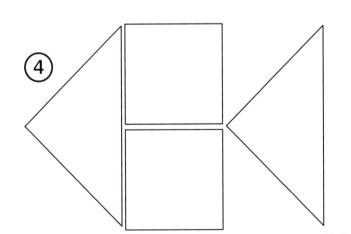

④

ワークを した日	1回目	2回目	3回目	4回目	5回目

ポイント

図形が1つずつ見やすいように、紙などでかくしながらやるとよいでしょう。

▶視空間認知

テングラム・パズル②

レベル
★ ☆ ☆

三角形や四角形のテングラム・パズルを使って、①〜④と同じ形をつくりましょう。

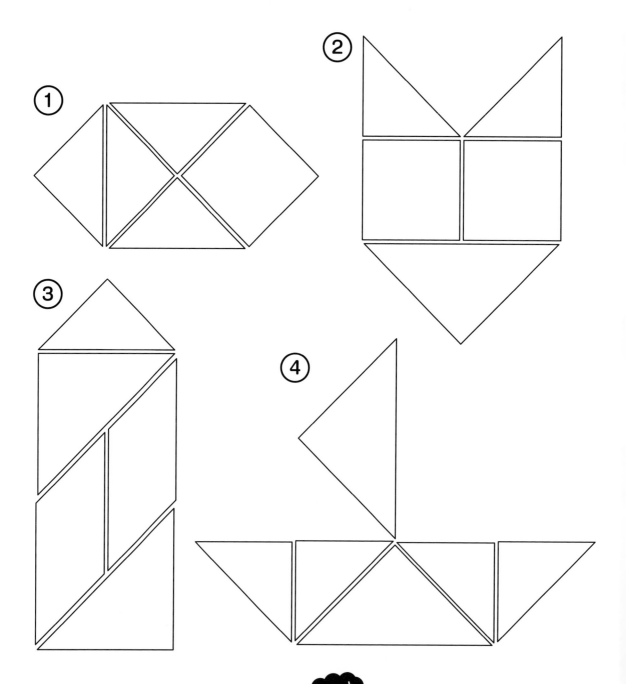

ワークを した日	1回目	2回目	3回目	4回目	5回目
	/	/	/	/	/

ポイント

ワークシートを200％にコピーすると、巻末の
テングラム・パズルと同じ大きさになります。

▶視空間認知

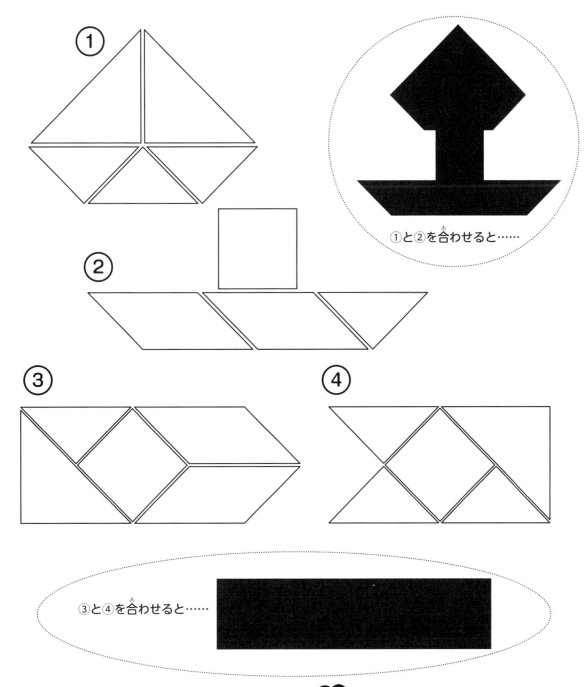

テングラム・パズル③

三角形や四角形のテングラム・パズルを使って、①～④と同じ形をつくりましょう。

①

①と②を合わせると……

②

③

④

③と④を合わせると……

ワークを した日	1回目	2回目	3回目	4回目	5回目
	/	/	/	/	/

ポイント

2つをつなぐと、ちがう形になるのを楽しみましょう。

▶視空間認知

ワーク 139　テングラム・パズル④

三角形や四角形のテングラム・パズルを使って、①～③と同じ形をつくりましょう。

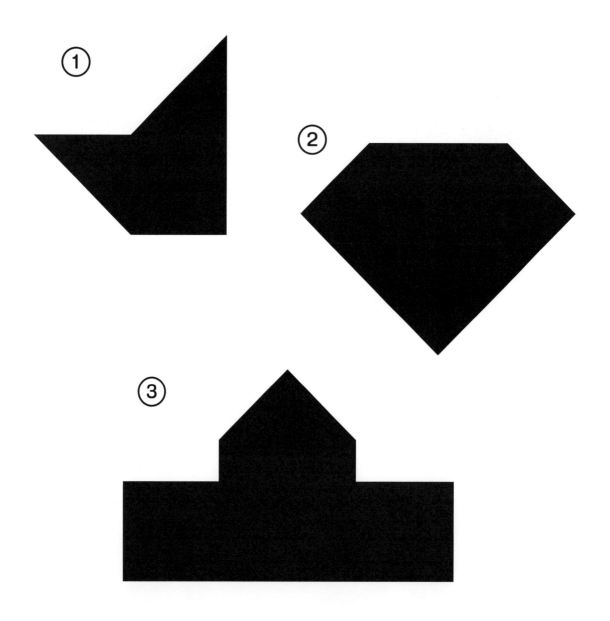

ワークをした日	1回目	2回目	3回目	4回目	5回目
	/	/	/	/	/

ポイント

内側の線を想像してつくってみましょう。答えは1つではありません。

▶視空間認知

ワーク 140 テングラム・パズル⑤

三角形や四角形のテングラム・パズルを使って、①〜④と同じ形をつくりましょう。

①

②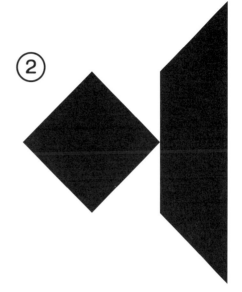

③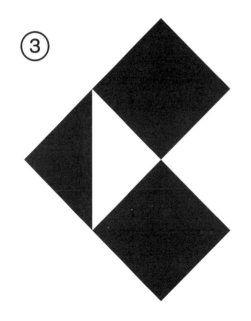

④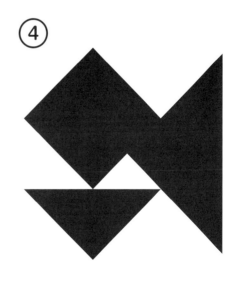

ワークを した日	1 回目	2 回目	3 回目	4 回目	5 回目
	/	/	/	/	/

ポイント

三角形でも大きい三角形と小さい三角形がありますので、よく見て使いましょう。

▶視空間認知

【解説 P.218】

テングラム・パズル⑥

レベル
★ ★ ★

三角形や四角形のテングラム・パズルを使って、①～④と同じ形をつくりましょう。

ワークを した日	1回目	2回目	3回目	4回目	5回目
	/	/	/	/	/

ポイント
難しいときは、ワークシートを200％にコピーして、その上に実際のパズルを置いてみましょう。

▶視空間認知

テングラム・パズル⑦

三角形や四角形のテングラム・パズルを使って、①～③と同じ形をつくりましょう。

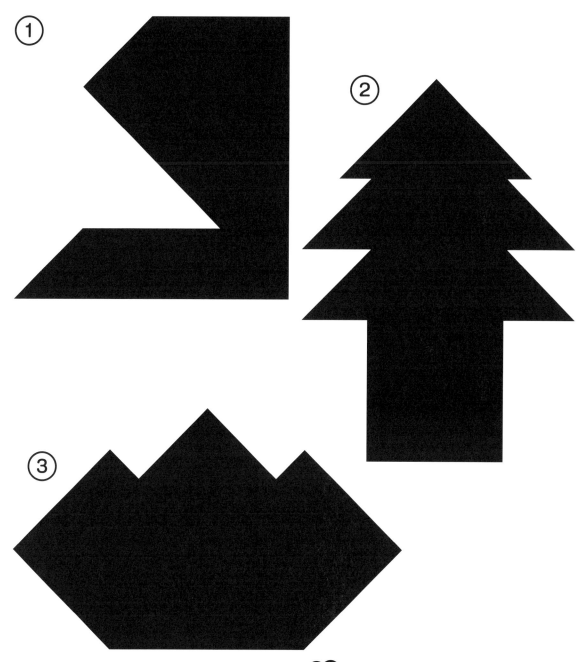

① ② ③

ワークを した日	1回目	2回目	3回目	4回目	5回目
	/	/	/	/	/

ポイント

内側の線を想像してつくってみましょう。答えは1つではありません。

▶視空間認知

【解説 P.219】

ワーク 143　スティック・パズル（ひらがな）

レベル ★☆☆

細長い四角形のスティック・パズルを使って、①〜④と同じひらがなをつくりましょう。

巻末のスティック・パズルを切りはなして使います。

①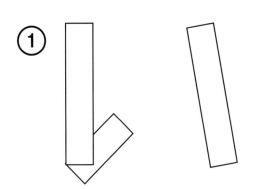

③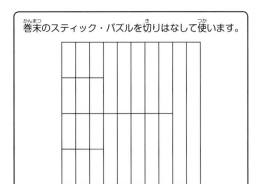

② ④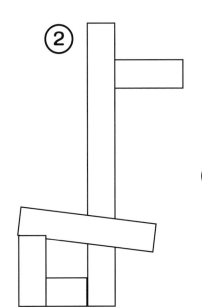

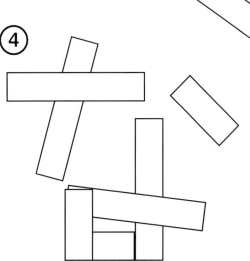

ワークを した日	1回目	2回目	3回目	4回目	5回目
	/	/	/	/	/

ポイント

文字が1つずつ見やすいように、紙などでかくしながらやるとよいでしょう。

スティック・パズル (カタカナ)

細長い四角形のスティック・パズルを使って、①〜④と同じカタカナをつくりましょう。

①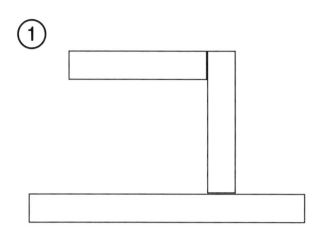

②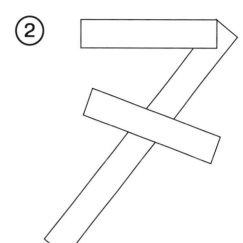

③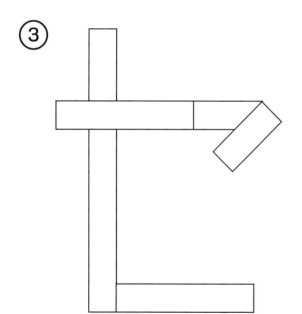

④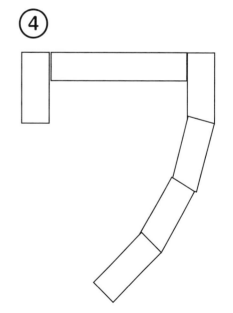

ワークを した日	1回目	2回目	3回目	4回目	5回目
	/	/	/	/	/

ポイント

スティックの長さは3段階です。長さのちがいを意識してやってみましょう。

▶視空間認知

スティック・パズル（アルファベット）

細長い四角形のスティック・パズルを使って、①〜③と同じアルファベットをつくりましょう。

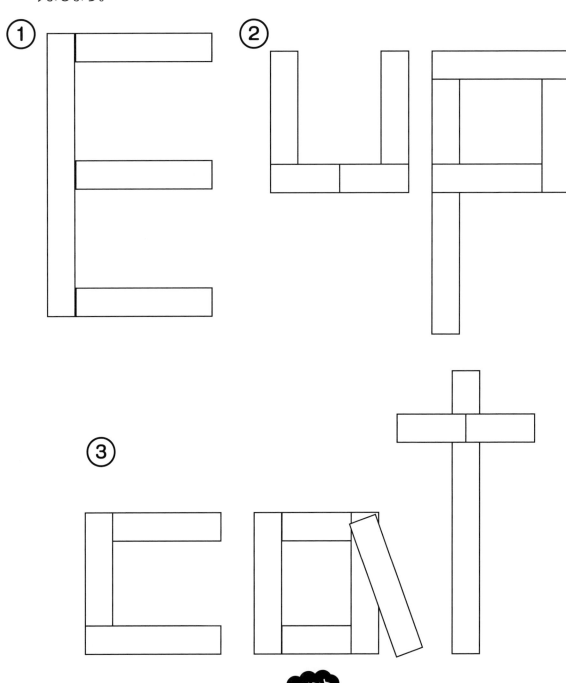

ワークを した日	1回目	2回目	3回目	4回目	5回目
	/	/	/	/	/

ポイント

自分でもスティック・パズルをつくって、どんどんほかのアルファベットにも挑戦！

▶視空間認知

スティック・パズル（漢字①）

細長い四角形のスティック・パズルを使って、①〜④と同じ漢字をつくりましょう。

① ② ③ ④

ワークを した日	1回目	2回目	3回目	4回目	5回目

ポイント

まずその漢字の読みを声に出して言ってから始めましょう。

▶視空間認知

スティック・パズル（漢字②）

細長い四角形のスティック・パズルを使って、①〜④と同じ漢字をつくりましょう。

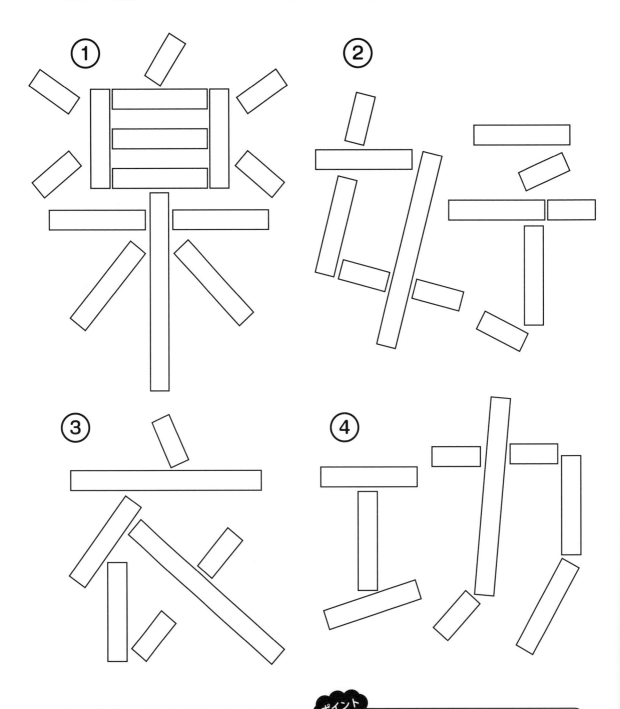

ワークを した日	1回目	2回目	3回目	4回目	5回目

ポイント

学校で習ったほかの漢字もつくってみましょう。

▶視空間認知

スティック・パズル（図形①）

細長い四角形のスティック・パズルを使って、①②と同じ形をつくりましょう。

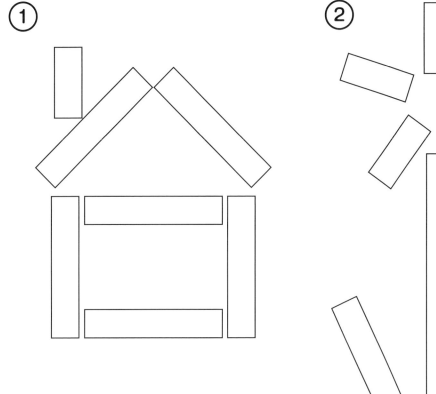

① ②

ワークを した日	1回目	2回目	3回目	4回目	5回目

ポイント

何度かつくったら、①なら2階建てにしたり、
②なら花びらを増やしたりしてみましょう。

▶視空間認知

スティック・パズル（図形②）

レベル
★★★

細長い四角形のスティック・パズルを使って、下の見本と同じ形をつくりましょう。

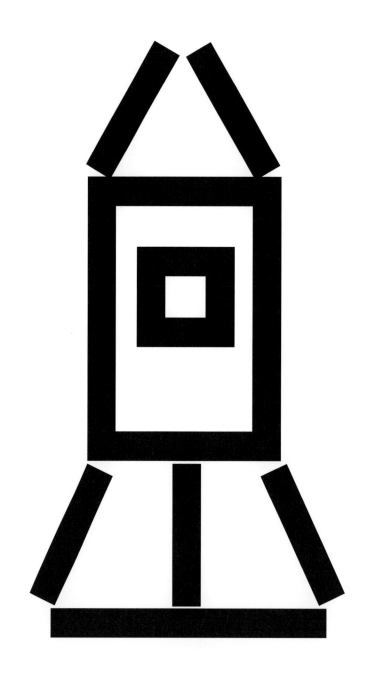

ワークを した日	1回目	2回目	3回目	4回目	5回目
	/	/	/	/	/

ポイント

最初は見本を見ながら、次には、見本を覚えて、見ずにやってみましょう。

▶視空間認知

ワーク 150 テングラム・パズルとスティック・パズル①

テングラム・パズルとスティック・パズルを使って、下の図形と同じ形をつくりましょう。

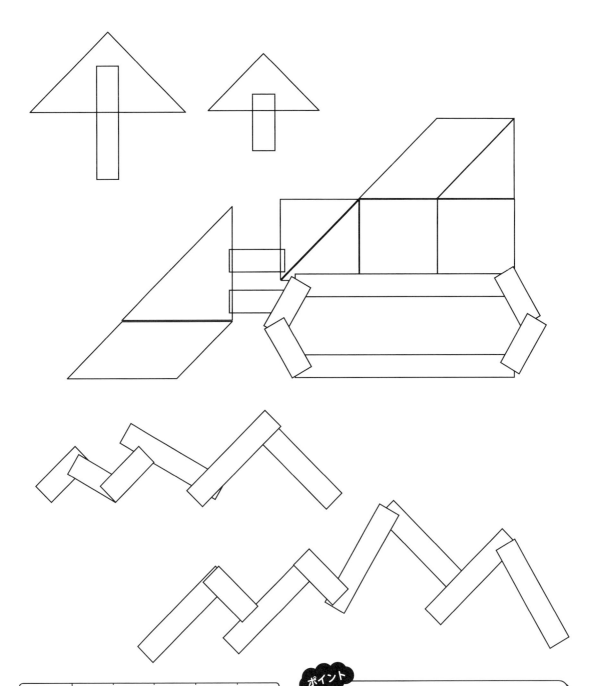

ワークを した日	1回目	2回目	3回目	4回目	5回目
	╱	╱	╱	╱	╱

ポイント

まず、テングラム・パズルをどこに使うか、割りふると、スムーズにできるでしょう。

▶視空間認知

ワーク 151 テングラム・パズルとスティック・パズル②

テングラム・パズルとスティック・パズルを使って、①・②と同じ形をつくりましょう。

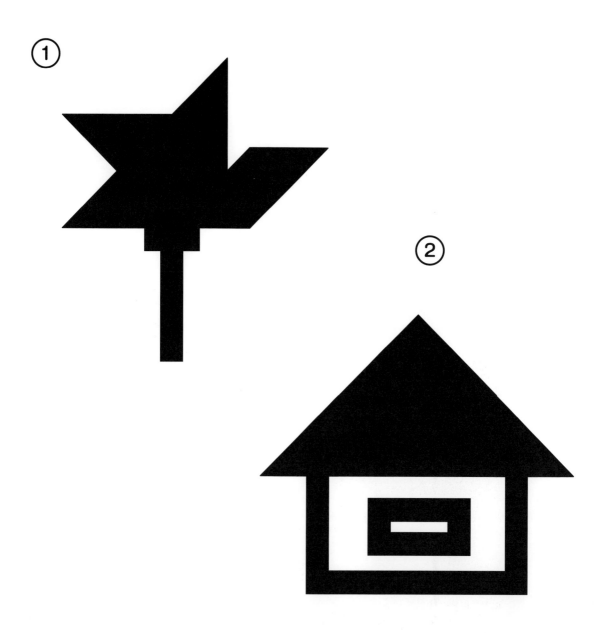

①

②

ワークをした日	1回目	2回目	3回目	4回目	5回目
	/	/	/	/	/

ポイント

「花」と「家」というように、何をつくるか言葉に出してイメージするとよいでしょう。

▶視空間認知

ワーク 152 テングラム・パズルとスティック・パズル③

テングラム・パズルとスティック・パズルを使って、①～③と同じ形をつくりましょう。

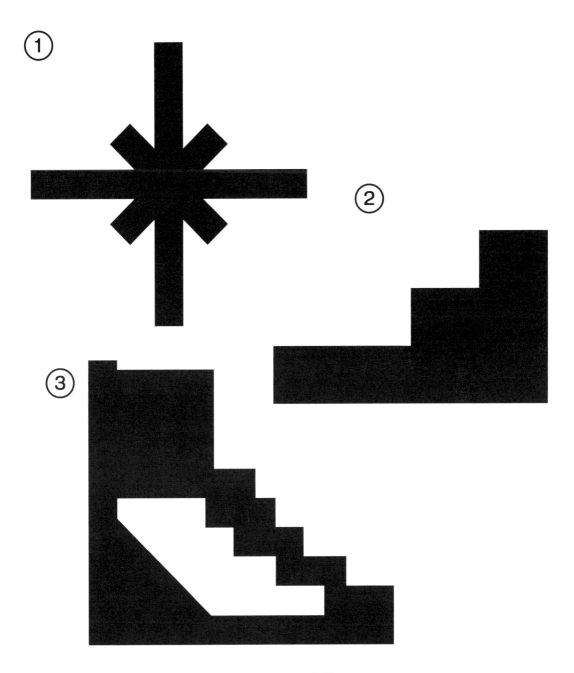

① ② ③

ワークを した日	1回目	2回目	3回目	4回目	5回目
	/	/	/	/	/

ポイント

想像力を豊かに好きな形を考え、自由につくってみましょう。

▶視空間認知

ワーク 153

図形の回転①

①～③の図形を時計回りに 90 度回転させたものを頭の中でイメージして、パズルで
つくってみましょう。

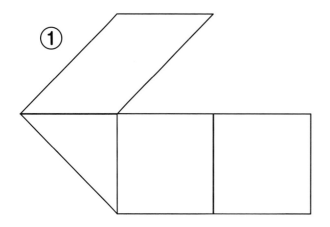

①

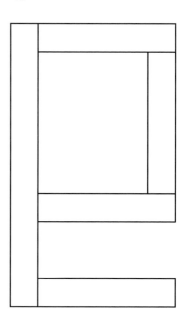

②

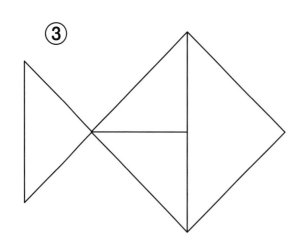

③

ワークを した日	1 回目	2 回目	3 回目	4 回目	5 回目
	/	/	/	/	/

ポイント

まずじっくり見て元の形を覚えるのがポイン
トです。難しいので、何度もトライ！

▶視空間認知

図形の回転②

①〜③の図形を時計回りに 90 度回転させたものを頭の中でイメージして、パズルで
つくってみましょう。

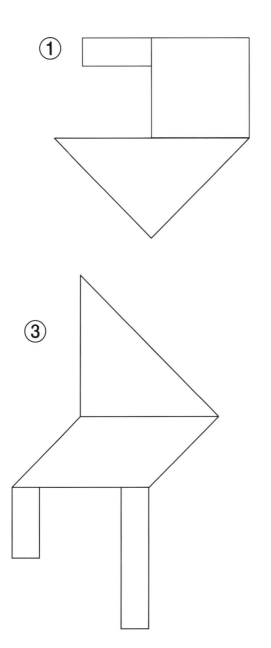

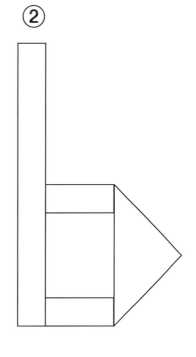

ワークを した日	1 回目	2 回目	3 回目	4 回目	5 回目
	/	/	/	/	/

ポイント

90度回転ができるようになったら、180度
回転もやってみましょう。

▶視空間認知

ワーク 155 順番の記憶①

レベル ★★★

はじめに、上から1列ずつ、3〜5個並んだ図形を見て、その形と順番を覚えます。
次に、図形をかくして、覚えた図形を1列ずつ順番通りに紙にかきましょう。

ワークをした日	1回目	2回目	3回目	4回目	5回目
	/	/	/	/	/

ポイント

じっくり見て眼に焼きつけ、眼を閉じて、イメージを思い浮かべてみましょう。

▶ 視空間認知

ワーク
156

じゅんばん き おく
順番の記憶②

レベル
★ ★ ★

はじめに、上から1列ずつ、5〜7個並んだ図形を見て、その形と順番を覚えます。
次に、図形をかくして、覚えた図形を1列ずつ順番通りに紙にかきましょう。

ワークを した日	1回目	2回目	3回目	4回目	5回目
	/	/	/	/	/

ポイント

矢印を覚えるには、矢印体操でやったように、
体を動かしながら覚えるとよいでしょう。

▶視空間認知

形のかけら

見本のような一部が欠けた図形を見て、その欠けた部分を想像して図形をかいてみ
ましょう。

見本

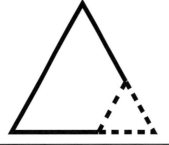

①

②

③

| ワークを
した日	1回目	2回目	3回目	4回目	5回目

ポイント

別の紙に欠けた部分の図形をかいて切り取
り、左の元の図形に重ねてみましょう。

▶視空間認知

ワークシートの
上手な使い方

PART 3では、それぞれのワークシートをやるときの注意点や、効果的なやり方、少し難易度を上げる使い方などを解説します。ビジョントレーニングは、繰り返し行うことでより効果が上がります。子どもが飽きずに続けられるポイントを押さえて、上手にサポートしましょう。

線なぞり　ワーク 1〜6

線の間なぞり　ワーク 7〜8

　線（線の間）を端から端まで眼で追い、指でたどったり、鉛筆でなぞったりするトレーニングです。線の形に合わせて、眼をなめらかに動かせるように練習しましょう。

まず最初は……　指でなぞる ➡ 鉛筆でなぞる ➡ 紙を回転してチャレンジ

難易度 UP・アイデア　紙を回転させて、いろいろな向きからチャレンジしましょう。

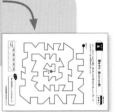

線めいろ　ワーク 9〜23

　いくつもの線が交差しためいろをスタートからゴールまでたどるトレーニングです。正しい道を見失わずにゴールまでたどり着けうように練習していきましょう。

　楽しみながら難度の高いものにも挑戦してみましょう。

まず最初は……　指でなぞる ➡ 鉛筆でなぞる ➡ 紙を回転してチャレンジ

【 POINT 】

最初はゆっくりていねいに。徐々にスピードアップして。頭を動かさずにやるのがポイントです。

ゆっくり、ていねいにね

難しく感じたら

難しくてできない場合は、それぞれの線に色をつけてみましょう。

ひらがなランダム読み ワーク24〜27
カタカナランダム読み ワーク28〜31

育つ視覚機能
□ 跳躍性眼球運動

ランダムに書かれたひらがなやカタカナを声に出して読みます。書かれた文字をまずは、読んでいくこと。次に眼で追いながら、言葉を探していきましょう。視覚でとらえた文字を言葉に変換する力が養われます。

まず最初は…… 順番に読む ➡ 違う方向でも読む ➡ 読むスピードを速くする

【 POINT 】

はじめは指で文字を追いながら、ゆっくり読む練習から始めましょう。

やる気度 UP・アイデア

最初から最後までどれくらいの時間で読めるか、時間を計ってみましょう。記録を取って、時間を計っていくと、お子さんのやる気がぐんとアップします。

難しく感じたら

言葉が見つかったら、丸で囲みましょう。難しいようなら、見つける言葉を言ってあげましょう。

「ふゆ」とか「つき」とか、2文字の言葉がかくれてるわよ

数字ランダム読み　ワーク 32〜35

　ランダムに書かれ、離れている数字を正しく読んでいくトレーニングです。見たい数字にすばやく視点を合わせられるように練習しましょう。

まず最初は……　指でタッチして読む ➡ 眼だけで読む ➡ 逆からも読む

【 POINT 】

指で数字をタッチしながら、同じ行の数字を正しく、読んでいきましょう。

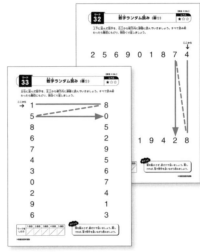

難易度 UP・アイデア①

慣れてきたら、紙を傾けて、同じように読んでみましょう。

難易度 UP・アイデア②

大人が横で、「上から2つ目の行だけを読んで」などと、読む場所を指定してみましょう。

上から2つ目の文字と、下から2つ目の文字だけ読んでみましょう

196

ひらがな探し　ワーク 36〜39

カタカナ探し　ワーク 40〜42

　ひらがなやカタカナが書かれた表を使って、文字を読んだり、○をつけたりします。眼の動きや眼と手、眼と声の連動をスムーズにするためのトレーニングです。

まず最初は……　声に出して読む ➡ 文字を探し○をつけて読む ➡ 書き写す

【 POINT 】

最初は指を使って、眼でそれを追いかけ声に出して読みましょう。次には、指を使わずに、眼だけで文字を追いかけ、読んでみましょう。

難易度 UP・アイデア①

大人が「か」などと、文字を指定し、子どもはワークシートのその文字に○をつけましょう。

> 読みながら「か」に○をつけてね

難易度 UP・アイデア②

指定する文字を「か」と「た」などと、2つ、さらには3つと、○をつける数を増やして、やってみましょう。

ひらがなシート①「8×8」

ひらがなシート②「11×11」

【 POINT 】

「ひらがなシート」をコピーします。「ひらがなシート①」は、ワーク 36 と 40、「ひらがなシート②」は、ワーク 37 〜 39 と 41 〜 42 の書き写しに使いましょう。

ひらがなタッチ ［ワーク 43〜45］
カタカナタッチ ［ワーク 46］

育つ視覚機能
- ☐ 跳躍性眼球運動
- ☐ 眼と体のチームワーク

ひらがなやカタカナがバラバラに書かれたシートから、文字を見つけてタッチするトレーニングです。眼をすばやくジャンプさせ、文字が見つかったらタッチし、眼と手の動きを連動させていきます。

まず最初は……　順番に読む ➡ ていねいに見てタッチ ➡ すばやくタッチ

【 POINT 】

一度、左から右に順番に文字を読んで、どこにどんなひらがなやカタカナがあるか、見てみましょう。

やる気度 UP・アイデア

最初から最後まで、どれだけ時間がかかったか、計ってみましょう。1回やって、あまり間をおかずに2回目にトライ。最初より速くなると充実感が感じられます。

難しく感じたら

タッチするだけだと、なかなか見つけられないようなら、ワークをコピーし、鉛筆で、見つけた文字や言葉にチェックを入れながら行いましょう。

【 もっともっと楽しむには 】

大人とお子さんがそれぞれ、白い紙に「あ」から「ん」まで（または「ア」から「ン」まで）を書いて、交換し、「ヨーイドン！」で、順番にタッチする競争をしてみるのもいいですね。

3つの言葉読み ワーク 47〜48

3つの言葉探し ワーク 49〜50

育つ視覚機能

☐ 跳躍性眼球運動

　連なった3つの単語を、一つ一つの単語に区切りながら、声に出して読みます。眼の動きとともに、文字を「見る」「読む」という眼と体の連携もスムーズになります。

まず最初は…… リズムに合わせて読む ➡ 拡大して、離れたところから読む

【 POINT 】

一定のリズムで読めるように、大人が「パン・パン・パン」と3回手拍子をします。子どもはそれに合わせて、3つの単語を読んでいきます。最初は、定規などを読む行に当てて読むとよいでしょう。

難しく感じたら

3つの言葉を探すワークの中でもワーク49のように、区切りがない難しいタイプをやるときは、はじめに、お子さんが、単語と単語の間に区切る線を引くところから、やってみましょう。

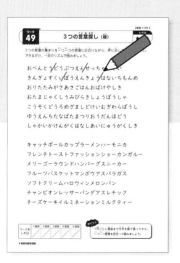

難易度 UP・アイデア

ワークシートを200%に拡大して、壁などに張り、3mくらい離れたところから、読んでみましょう。

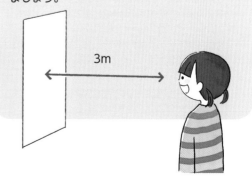

3m

漢字ランダム読み　ワーク 51〜53

熟語読み　ワーク 54〜58

　ランダムに置かれた漢字1字を読んだり、熟語を読んだりするトレーニングです。すべての漢字にふりがながふられていますが、漢字だけ見て、ふられたふりがなと違う読み方をしてもかまいません。

まず最初は……　ゆっくり読む ➡ スピードを上げて読む

【 POINT 】

・はじめに、ていねいに一つ一つの漢字の読みを確認しましょう。読めない漢字についてはふりがなで確認してから取りかかるとよいでしょう。

・熟語読みもあります。その際は、お子さんの学年によっては、まだ難しいものは、ワークを飛ばしてください。

【 もっともっと楽しむには 】

ワーク 52 や 53 では時間を計って最初から最後まで読みます。その後で、知っている漢字で熟語をつくります。2字熟語を探し、1つ熟語ができたら、かかった時間から5秒引くことができるというルールにします。ゲーム感覚で、1回目のタイム、2回目のタイムを書き入れていきましょう。

日付の欄の上にタイムを書いておきましょう。

4分

ワークをした日	1回目	2回目	3回目	4回目	5回目
	/	/	/	/	/

先生　　夏休（み）
本気　　目玉　　天下
森林　　海風　　姉妹

ぼくは8個見つけたから、40秒マイナスできるね

200

アルファベットランダム読み ワーク59〜61

アルファベットタッチ／探し ワーク62〜63

英単語探し ワーク64〜65

育つ視覚機能

☐ 跳躍性眼球運動

ランダムに置かれたアルファベットを順番に読んだり、アルファベットの文字を探したり、さらには、単語を探したりするトレーニングです。アルファベットや英単語に普段なじみのないお子さんの場合は、最初に、アルファベット表などで読みを確認してから始めましょう。

まず最初は…… 　指でたどりながら読む ➡ 眼で追って読む

【POINT】

ワーク59〜61はアルファベットの大文字のワーク、ワーク62〜65はアルファベットの小文字のワークです。

「エー」の大文字は、A、小文字は a なんだよ

アルファベット表

```
A B C D E F G H I J K L M N O
a b c d e f g h i j k l m n o

P Q R S T U V W X Y Z
p q r s t u v w x y z
```

c---a---t だね。
最初は c ！

難しく感じたら

英単語探しで、単語として読むのが難しい場合は、アルファベットの並び順で同じものを見つけるようにしましょう。

数字タッチ ワーク 66〜69

バラバラに散らばった数字を順番にタッチしていきます。眼をすばやくジャンプさせて、探している次の数字をとらえ、それと同時に指を動かしましょう。ワーク68は、数字の大きさや囲んでいる形がバラバラなので、難易度が高くなっています。さらにワーク69は、複雑になっています。

まず最初は…… 数字にタッチと同時に声に出して言う ➡ スピードを上げる

【POINT】

ワークシートに書かれた数字に指がきちんとタッチしているかもチェックしよう。

1、2、3……

やる気度UP・アイデア

同じワークシートをコピーして、親子でどちらが早く最後の数字までたどれるか、競争してみましょう。

難易度UP・アイデア

大きい数字から小さい数字へと、逆に数字を見つけていきましょう。

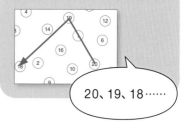

20、19、18……

【もっともっと楽しむには】

名刺くらいの大きさのカードに数字を書いて、床に並べ、それを順番にタッチしていくと、遊び感覚で楽しめます。

数字レース ワーク 70〜71

　決められたルールに従って、数字が並んでいるワークシートの数字をたどっていくトレーニングです。早くゴールできるように練習して、眼と手の動きを鍛えましょう。

**まず
最初は……**

ワーク 70 は

決めた1つの数字に○をつけながら進む ➡ スピードを上げる

【 POINT 】

決めた数字のところに来たら、○をつけていくルールです。
このとき、紙から鉛筆を離さずに進むのがポイントです。

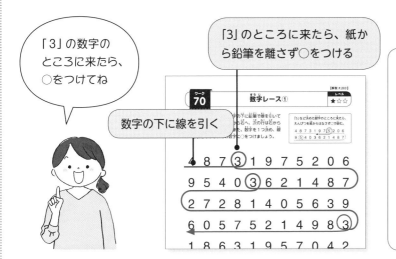

「3」の数字の
ところに来たら、
○をつけてね

「3」のところに来たら、紙から鉛筆を離さず○をつける

数字の下に線を引く

ルール例

［例1］
「2」と「5」に○をつける。

［例2］
「1」「2」「3」……「10」と
順番に見つけて進む。

［例3］
誕生日の数字を見つけて進む（例／3月15日なら、「1」「3」「5」に○をつける）。

**まず
最初は……**

ワーク 71 は

数字をたどりジグザグに進む ➡ ルールに従って、記号で囲み進む

【 POINT 】

数字から数字へたどりながら、ジグザグに線を引いていきます。
「1は○」「2は□」「3は△」などとルールを決めて、その記号で囲みます。

**アレンジ
アイデア**

ワークシートを3段に切ってつなげ、
横に長い1枚にしてもよい。

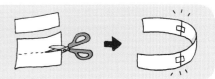

仲間を探せ（動物など） ワーク 72〜80

ワーク 72〜80

指定されたイラストと同じものを探すトレーニングです。特徴を見分ける力を身につけることで、ものや文字を正しく識別することにも役立ちます。

まず最初は…… 指定された1つの絵を探す ➡ 2つの絵を探す

【 POINT 】

小さいお子さんの場合は、始める前にその絵が何の絵か、大人が確認しておきましょう。

【 POINT 】

はじめは、大人が1つの動物（野菜、文房具）を指定し、次は2つを指定して、難しくしていくとよいでしょう。

これは？

うーんと…
スティックのり？

難易度 UP・アイデア

さらに難易度を上げるなら、3つを指定し、それぞれを○、□、△で囲みます。

キツネには○、ウサギには△、ゾウには□をつけてみよう

【 もっともっと楽しむには 】

ワーク72とワーク75を、150％くらいに拡大してコピーし、25枚ずつのカードをつくります。大人が「ウサギ！」と声をかけたら、ウサギのカードをすばやく取るかるた取りをして遊びましょう。

ウサギ！

仲間を探せ（数字） ワーク81〜84

2桁・3桁・4桁の数字が書かれたワークシートの中から、指定された数字を探して○をつけます。探しているものにすばやく視線を合わせ、必要な情報を得る力をつけていくトレーニングです。

まず最初は…… 1つの数字を探す ➡ 2つの数字を探す ➡ 同じ数字を数える

【 POINT 】

はじめは、一つ一つの数字を声に出して読んで、指定された数字があったら、○をつけるのでもいいでしょう。桁数が多いほど、見間違いが多くなります。1行ずつていねいに見ていきましょう。

65を探して、全部に○をつけてね

難易度 UP・アイデア①

○をつけずに、指定された数字がいくつあるか、その数を数えます。

9520はいくつあるか数えてみてね

1つ……
2つ……

難易度 UP・アイデア②

ワーク83で、3桁の数字の一つ一つを足していくつになるか、その足した数で探すルールにすると難しいゲームのようになり、楽しさが増します。

足して10より小さい数になる数字に○をつけよう！

例えば……○がつくのは

793　⟨211⟩　886

149　⟨315⟩　516

128　624　454

計算ビジョン　ワーク 85～86

育つ視覚機能
☐ 跳躍性眼球運動
☐ 眼と体のチームワーク

　長い数式を正確に数字を追いながら、計算していくトレーニングです。眼を動かしながら、頭脳も同時に使っていきます。

まず最初は…… 定規などを当てて、計算 ➡ 眼で数字を追いながら計算

【POINT】

数と記号のスペースがバラバラなのに気を取られたり、計算に気を取られたりして、行を間違えないように注意してやってみましょう。

難しく感じたら

定規などを当てて、「5＋9＝14」の14をメモしながら、進めてみましょう。

難易度 UP・アイデア

上から順番にやるのではなく、大人が「上から3行目」とか、「2足す5……」と最初の足し算を読み上げて、どの行かを見つけてから計算するようにすると、変化が出ます。

2足す5は……

下から3行目の式だね……

似た形のアルファベット　ワーク 87～88

育つ視覚機能
☐ 跳躍性眼球運動
☐ 眼と体のチームワーク

　形の似たアルファベット「p」「d」「q」「b」「a」を読むトレーニングです。

難しく感じたら

色鉛筆で、それぞれのアルファベットを色分けして〇で囲んでやってみましょう。

百人一首　ワーク 89〜92

百人一首の歌を読むというトレーニングです。視点を上から下へすばやく動かし、リズムがある百人一首を読み進めることで、楽しみながら「跳躍性眼球運動」ができます。

まず最初は……　ていねいに読む ➡ スピードをもって読む

【 POINT 】

リズム感のある百人一首を繰り返し、声に出して読みましょう。お子さんが興味をもったら、歌の意味なども調べると、よりトレーニングが楽しくなります。

難易度 UP・アイデア

1分間とか、45秒とか時間を決め、その間に何回読めるか、やってみましょう。

よーい、スタート！

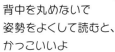

背中を丸めないで姿勢をよくして読むと、かっこいいよ

【 もっともっと楽しむには 】

はがきサイズくらいの紙に、百人一首の歌を書き、かるたをつくります。家族の中で一人が読み手役になり、かるた取りをしてみましょう。百人一首の本などから、歌を書き写すのも、よいトレーニングになりますし、かるた取りは、「眼と体のチームワーク」づくりに大変効果のある遊びです。

ブロックストリングス ワーク 93〜96

育つ視覚機能
□ 両眼のチームワーク

眼は遠くを見るときと近くを見るとき、焦点を見るものに合わせて切り替えています。このブロックストリングスは、近くのものを見るとき、スムーズに寄り眼ができるようにするトレーニングです。

まず最初は……　真っすぐ持って見る ➡ 両眼で目標の印を見る

【POINT】

眼の高さに真っすぐ紙を持つことがポイント。ワークシートをコピーし、厚紙にはって使いましょう。

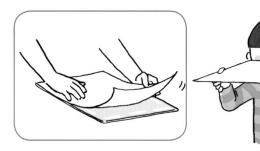

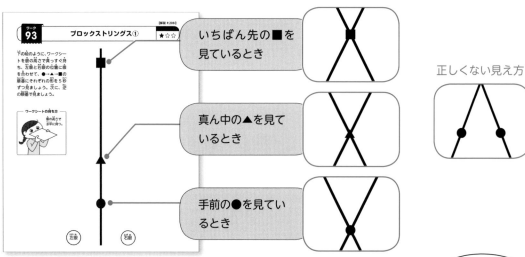

いちばん先の■を見ているとき

真ん中の▲を見ているとき

手前の●を見ているとき

正しくない見え方

難しく感じたら

大人が子どもの正面に立って、「両眼で見ているか」「眼が寄っているか」「ワークシートは真っすぐか」を確認しましょう。

今、左眼で見ているよ

3D ビジョン 〔 ワーク 97〜100 〕

両眼を使って近くを見る「寄り眼」、遠くに離れたところを見る「離し眼」を経験するトレーニングです。うまくできるまでに、時間がかかるかもしれませんので、あせらずに、疲れたら休みながらやりましょう。

まず最初は…… ワークシートを顔正面に ➡ 1〜3分、寄り眼、離し眼をする

【 POINT ① 】

ワークシートを顔の正面に持ち、寄り眼は紙を離して、離し眼は最初近づけて目標を見てから、徐々に離していきましょう。

寄り眼 　　　　　　離し眼

【 POINT ② 】

正しく見えるとマークが3つに見えます。寄り眼は真ん中のマークが手前にあるように見え、離し眼は、真ん中のマークが後ろにあるように見えます。

【 POINT ③ 】

寄り眼や離し眼の練習はとても疲れます。あまり、続けてやらないようにしましょう。できなくても、また、気持ちをリラックスさせてから挑戦してみましょう。

難しく感じたら

● 寄り眼が難しいときは、絵のように、ワークシートと眼の間に指を立て、その指を見て、寄り眼にしてから、視線はそのまま、指をはずしてみましょう。

● 3mくらい先の壁などを見てから、視線はそのままで、ワークシートを持って、見てみると、離し眼ができるようになるでしょう。

両手でグルグル ワーク 101〜102

両手をいっしょに動かすトレーニングです。ワークシートに向かってそこに書かれた線の間をグルグルと円を描いたりするほか、大きく腕を回して、円を描くトレーニングもできます。

まず最初は…… 両手で線の間をなぞる ➡ 円を描く方向をかえてやる

【 POINT 】

2つの円や図形の真ん中に描かれた点線に視点を合わせて、両手を動かしていきましょう。ワークシートを150％くらいに拡大コピーしてからやると、やりやすくなります。

難易度 UP・アイデア

ワークシートから離れて、真っすぐ立ち、大人の指示で、「外回り」「内回り」「両手とも右回り」「両手とも左回り」などのかけ声を聞いたら、円を描くように腕を大きく回します。

外回りで

【 もっともっと楽しむには 】

楽しい音楽に合わせて、足踏みしながら、「外回り」のときは前に進む、「内回り」のときは、後ろに下がるなど、動きを決めて、動いてみるのも楽しいです。

内回り

左回り

外回り

両手のタイミングをずらして外回り

方向体操　ワーク 103〜104

育つ視覚機能

☐ 眼と体のチームワーク

　丸い輪の切れているところを見て、すぐそこを指し示すという動作に結びつけるトレーニングです。方向を指し示す手を利き手でやったり、反対の手でやったり、いろいろやってみましょう。

まず最初は……　眼で見て指し示す ➡ 体で輪をつくる

【 POINT 】

眼で見て、手で指し示すワークと、眼で見て、体で輪をつくるワークの両方を行いましょう。

利き手で

全身で

指立て体操　ワーク 105〜106

育つ視覚機能

☐ 眼と体のチームワーク

　絵を見てそれと同じように指を立てます。最初は片方の手で、慣れてきたら両手でやりましょう。中指と薬指は、その指だけ立てること自体が、なかなか難しいもの。手指の柔軟性も養われます。

まず最初は……　利き手の指でまねする ➡ 反対の手でやる ➡両手でやる

【 POINT 】

準備運動として、片手ずつ、各々の指だけ立てる動きをやってみましょう。上手にできるようになったら、ワークシートの絵を見てやりましょう。

薬指がいちばん
難しいね

難易度 UP・アイデア

指に番号をつけます。（親指1、人さし指2、中指3、薬指4、小指5）。1〜5のカードをつくり、それを大人が見せて、お子さんはそれを見て指を立てます。

手ジャンケン体操　ワーク 107〜108

足ジャンケン体操　ワーク 109〜110

イラストのジャンケンを見ながら、それと同じ手を出したり、それに勝つ手を出したりして、眼で見た情報に体も反応させるトレーニングです。「グー」「チョキ」「パー」と声を出してもいいですね。

まず最初は……　あいこの手を出す ➡ 勝つ手を出す ➡ リズムに合わせて出す

【 POINT 】

頭は動かさず、眼と手を動かしていきましょう。慣れるまでは、大人が見るところを指さしてあげてもいいですね。

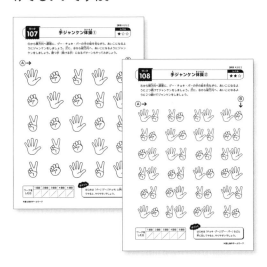

難易度 UP・アイデア

何度かやって慣れてきたら、手拍子などに合わせて、リズムにのってやってみましょう。スピードも徐々にアップして！

やる気度 UP・アイデア

ゲーム感覚で、大人と子どもがまずジャンケンして、負けた人が 1 行目をやります。また、ジャンケンして、負けた人が 2 行目をやるなど、楽しみながら、やると盛り上がるでしょう。

まねっこゲーム　ワーク 111〜117

絵と同じポーズになるように、手や足を動かしたり、ポーズをまねしたりしましょう。見たら、なるべく早く体が動かせるように意識して、眼と体のチームワークが取れるようにしましょう。

まず最初は……　**同じポーズをする** ➡ **左右対称のポーズをする**

【 POINT 】

大人がワークシートを持ってあげたり、壁に貼ったりして、それを見て、絵と同じポーズをしましょう。ワーク 111 と112 は座ってやってもいいでしょう。一度どんなポーズがあるか確認してから、始めるとよいですね。

難易度 UP・アイデア

絵と左右対称のポーズをしましょう。一つ一つポーズを確認してから始めましょう。

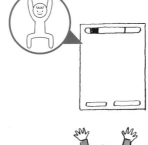

そうそう、両手が上だね

難しく感じたら

ワーク 117 は、手と足、さらに眼の動きがあるので、難しいときは、はじめは手のポーズだけ、足のポーズだけをまねする練習を充分しましょう。

【 もっともっと楽しむには 】

ワークシートを使わず、大人がいろいろなポーズをして、子どもはそれをまねしてみましょう。ときどき、変なポーズを入れたりすると盛り上がります。

矢印体操　ワーク 118〜121

矢印の指示に従い、ジャンプしたり、しゃがんだり、左右に動いたり、矢印を眼で見て、それを動作に変えるという、眼と体がまさにチームを組んで行うトレーニング。「上」「下」……と声にも出してやってみましょう。

まず最初は……　上下左右の動き ➡ 斜めの動き ➡ 前後・左右・斜めの動き

【POINT】

ワーク 118 と 119 は上下左右の動き、ワーク 120 は斜めの動き、ワーク 121 は前後・左右・斜めの動きをします。音楽をかけながら、リズムにのってやったりすると、楽しんでできます。

↑ の場合
上

↓ の場合
下

ワーク 121 では↑↓は
前後の動き。

前

← の場合
左

→ の場合
右

↖ の場合
左前

↗ の場合
右前

↙ の場合
左後3

↘ の場合
右後3

難易度 UP・アイデア

足の動きに手の動きもプラスしてやってみましょう。「上」「下」「右」「左」のときは、両手をその方向へ、前後・斜めのときは、片方だけの手をその方向に出しましょう。

【 もっともっと楽しむには 】

大きく矢印を書いたボードをつくり、大人がそれを回転させて、その指示で動くトレーニングも楽しめます。

点つなぎ ワーク 122～135

見本と同じように点をつないで図形や文字を描くトレーニングです。複雑な形も正しく把握できるように練習しましょう。見本を近くに置くか、遠くに置くかで、難易度が変わります。

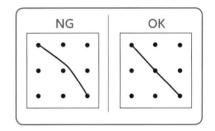

育つ視覚機能

□ 視空間認知
□ 眼と体のチームワーク

まず最初は…… 見本を近くで見てやる ➡ 30cm くらい離してやる

【 POINT 】

見本を見て、点と点をきちんと結んで、線を引くことが基本です。図形、カタカナ、数字、アルファベット、漢字とさまざまなものに挑戦してみましょう。

難しく感じたら

● ページをコピーし、見本と解答欄を切り離して、見本の上に解答欄をのせて、写しましょう。

● 見本のいつくかの点に、大人が色をつけてあげましょう。それを目印にすると、ヒントになって写しやすくなるでしょう。

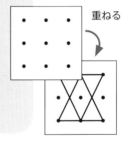

重ねる

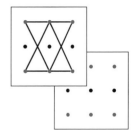

難易度 UP・アイデア①

● 見本と解答欄を切り離して、30cm くらい距離を置き、それを見て写してみましょう。

● 見本を 200％に拡大コピーして、壁に張り、約3m離れた場所から見て写してみましょう。

難易度 UP・アイデア②

定規を使った点つなぎにトライしてみましょう。定規を片方の手でしっかり押さえ、鉛筆を持つ手には力を入れすぎずに、線を引いてみましょう。

ゴール地点を見ながら、線を引きます。

点つなぎ（カタカナ・数字）見本

カタカナは5×5の点で、数字は7×7の点で、
点つなぎしてみましょう。

町の中で見るデジタルの数字は、たいてい、
点つなぎでつくった数字と同じような形をし
ています。お子さんと探してみましょう。

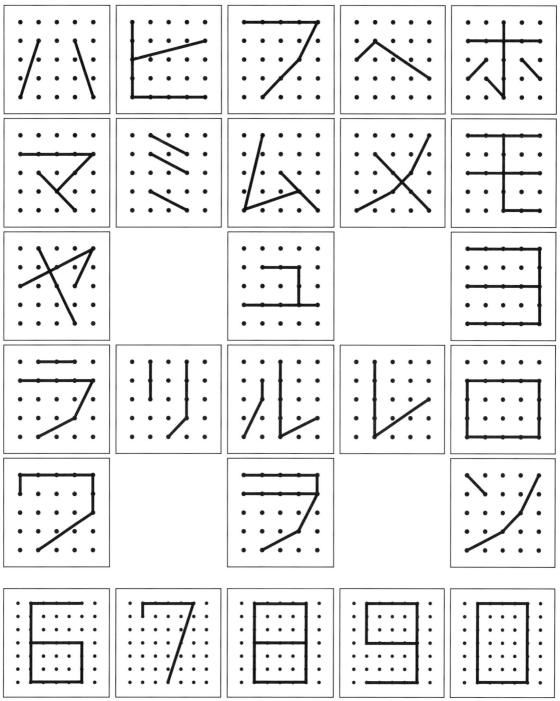

テングラム・パズル　ワーク 136〜142 ／ 150〜152

ワーク 136〜142 ／ 150〜152

育つ視覚機能

☐ 視空間認知

　三角形や四角形のパズルを使い、いろいろな形をつくります。見本の形を眼でとらえ、同じ形をつくることで、形を認識する力が育つトレーニングです。この本の巻末についている厚紙のパズルを実際に使ってやってみましょう。

まず最初は……　見本を見て同じ形をつくる ➡ 見本を覚えてつくる

【 POINT 】

・ワーク 136 〜 138 は、見本と同じパズルを探して、実際に置いてみましょう。
・ワーク 139 〜 142 は、シルエットから部分を見つける難易度の高いワーク。焦らずに、いろいろ組み合わせて、つくってみましょう。パズルは裏返して使ってもよいです。

三角形が4つと
四角形が1つね

難しく感じたら

ワークシートの上にパズルを置いてみましょう。パズルの中から、どれを選んだらいいか、お子さんが迷うようであれば、大人がピースを選んで渡してあげてもいいでしょう。

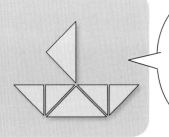

大きな三角形2つと
小さな三角形が4つ

【 もっともっと楽しむには 】

つくったパズルが何に見えるか、パズルに名前をつけてみるのも楽しいですね。さらに、その形を別の紙に描き写して、名前にふさわしい色を塗ったり、眼鼻をつけたり、イメージをふくらませていきましょう。

何か食べる
パックン！だ

スティック・パズル ワーク143〜149 ／ 150〜152

　長さのちがう棒状のパズルを組み合わせて、見本と同じ文字をつくったり、形をつくったりします。長いパズルを使うか、短いパズルを使うか、眼でとらえて並べることで、形の認知力を高めます。巻末の厚紙のパズルを使ってやってみましょう。

まず最初は……　　**見本を見て同じ形をつくる　➡　見本を覚えてつくる**

【 POINT 】

パズルの長さは3種類。見本の文字や形を見て、どの長さのパズルを使うのかを判断して選び、並べていきましょう。

> 長いパズルを1本使っているわね

難易度 UP・アイデア

ワークシートをコピーしてスティックを塗り、補助線が見えないようにしてから、同じ形をつくるのに挑戦すると、難易度がグーンとアップします。

> わあ、境目がなくなったら、急に難しくなったぞ！

【 もっともっと楽しむには 】

大人と子どもが、見本を見ながら、交互にパズルを置いていくのも楽しい遊びになります。

> 今度はお母さんの番よ！

図形の回転 ワーク153〜154

示された図形を90度頭の中で回転させるという視空間認知のトレーニングの中でも、難易度の高いトレーニングです。まずは元の形をしっかり記憶することが大切。実際のパズルを使ってやってみましょう。

まず最初は…… 元の形をつくる ➡ 回転させた状態を想像 ➡ パズルで置く

【 POINT 】

テングラム・パズルとスティック・パズルを使って、元の形をまずつくってみましょう。⇒頭の中で、90度回転させた形を想像しましょう。⇒想像した形を別のパズルで置いてみましょう。⇒2つのパズルの形を比べましょう。

難しく感じたら

同じ形のパズルを2つ用意し、同じ位置にまず置いて、次に1つは元のまま、もう1つは90度回転させて、並べて見てみましょう。このとき、多角形の1つの辺に注目してみるとわかりやすいでしょう。パズルの1辺にフェルトペンなどで色をつけてみましょう。

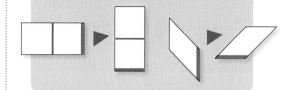

【 もっともっと楽しむには 】

ワーク153の③の魚の形をいろいろな色の紙でつくり、真っすぐなもの、90度回転させたもの、さらに90度回転させたものを白い画用紙などに並べて、貼り絵の作品をつくっても楽しいでしょう。

順番の記憶 ワーク155〜156

育つ視覚機能

☐ 視空間認知

ワークシートに描かれた図形や記号の順番を正しく記憶します。それを別の紙に写していくトレーニングです。形を認識し、それを再現する力を鍛えることができます。

まず最初は…… 順番を記憶する ➡ 紙に記憶した形を書く

【 POINT 】

ワークシートをコピーし、問題部分だけが見えるように大人が工夫して見せてあげると、視線があちこちに動かず、集中して覚えられるでしょう。

難易度 UP・アイデア 大人が時計を見ながら、覚える時間「20秒」などと、時間を区切って行い、その時間を徐々に短くしていきましょう。

形のかけら ワーク157

育つ視覚機能

☐ 視空間認知

三角形や四角形の欠けた部分、つまり見えない部分を頭でイメージすることで、全体の形を把握する力をつけるトレーニングです。

まず最初は…… 全体像をつかむ ➡ 欠けた部分を頭に描く ➡ 図形を描く

【 POINT 】

見本には、全体像がわかる点線が入っています。①〜③には入っていないので、全体がどんな形か、お子さんに聞いてみて、全体像のイメージをもつところから始めましょう。

【 視覚機能の専門家がいる機関 】

視機能トレーニングセンター Joy Vision

兵庫県神戸市中央区三宮町 3-1-7（服部メガネ店内）　℡：078-325-8578

https://visiontraining.biz

Joy Vision 札幌
（放課後等デイサービス 天使のわ）
北海道札幌市北区北 7 条西 5-6-1
ストークマンション札幌 1008 号
℡：070-5287-3600
http://angel-ring.jp

Joy Vision 岩手
（スマイルメガネ研究舎）
岩手県盛岡市大通り 2-8-14
MOSS ビル 2 F
℡：019-625-1242
http://horizon-silver.jp/jvi/jv_home

Joy Vision 新潟
（メガネのいたば店内）
新潟県長岡市来迎寺 3944
℡：0258-92-5055
http://www.joyvision-niigata.com

Joy Vision 横浜
（アイケアシステム）
神奈川県横浜市港北区綱島西 3-1-18
ローレンシアハイツ 1F
（アイケアシステム内）
℡：045-543-1071
http://joyvision-yokohama.com

Joy Vision 富士
（メガネの博宝堂）
静岡県富士市吉原 2-4-5
℡：0545-52-1841
http://www.opt-hakuhodo.com/
joyvision/

Joy Vision 愛知
（メガネの井上）
愛知県東海市富木島町向イ 147-1
花井ビル 1F
℡：052-601-5810
http://jvaoptinoue.client.jp

Joy Vision 名古屋
（近藤メガネ相談室）
愛知県名古屋市熱田区南一番町 1-49
（熱田高校西・愛知機械南）
℡：052-654-5580
http://kondomegane.com

Joy Vision 福井
（メガネのホープ）
福井県鯖江市住吉町 3-14-31
℡：090-3887-1089

Joy Vision 京田辺
（サポーツ京田辺）
京都府京田辺市河原御影 30-8
新田辺デパート 2F
（サポーツ京田辺内）
℡：090-3941-1316
https://r.goope.jp/joyvisionktanabe

Joy Vision 南但
兵庫県養父市八鹿町八鹿 1894-1
℡：090-8126-9948
https://joyvision-nt.jp

Joy Vision 奈良
（オプト松本）
奈良県橿原市常盤町 495-1
℡：0744-35-4776
https://www.joyvisionnara.com

Joy Vision させぼ
（尚時堂）
長崎県北松浦郡佐々町本田原免 73-3
℡：0956-63-2235
http://www.shojido.com

Joy Vision 大分
（メガネの豊福）
大分県臼杵市本町 5 組
℡：0972-62-2970
https://toyofuku-megane.pupu.jp/

発達支援センター
ジョイナス中村橋
駅前教室

東京都練馬区貫井 1-1-4
トレスリーオス 2F
℡：03-5848-6484
http://hscjoinus.com/

放課後等デイサービス
アイムグループ

静岡県静岡市清水区
℡：054-368-4362
https://win-co-ltd.com/children

株式会社
From Earth Kids

大阪府大東市諸福 1-12-12
℡：072-872-1801
https://from-earth-kids.hp.peraichi.com/

ともともびじょん

兵庫県尼崎市大庄西町
1 丁目 9-10-2 階
℡：080-3850-9889
https://www.tomotomovision.info/

ハグチャイルド
発育サポート教室

奈良県大和郡山市野垣内町 72-15
℡：0743-84-8350
https://hugc.co.jp/index.html

株式会社エンジョイ

三重県鈴鹿市算所 1 丁目 14 番 33 号
℡：059-379-5003
https://www.e-enjoy.co.jp

児童発達支援・
放課後等
デイサービス
heath（ヒース）

広島県広島市中区舟入南 4-10-22
ビクトリービル 1F
℡：070-4799-4498
https://www.heath-0501.com/

株式会社おきなわ edu

沖縄県那覇市首里石嶺町 4-366-1
℡：098-943-2845
https://okinawa-edu.com/

視覚発達
支援センター

千葉県浦安市入船 4-1-24
℡：047-353-3017
http://www.ikushisya.com

大阪医科大学
LD センター

大阪府高槻市北園町 11-14
高槻北園町ビル2F
℡：072-684-6236
http://www.osaka-med.ac.jp/
deps/ldc/

監修者PROFILE

北出勝也
きた で かつ や

視機能トレーニングセンターJoy Vision　代表
米国オプトメトリー・ドクター
一般社団法人　視覚トレーニング協会　代表理事

関西学院大学商学部卒業後、キクチ眼鏡専門学校を経て、米国パシフィック大学へ留学。検眼学（オプトメトリー）を学び、米国の国家資格「ドクター・オブ・オプトメトリー」を取得。帰国後、日本には数少ないオプトメトリストとして、見え方の悩みをもつ子どもやスポーツ選手の視覚機能の検査、トレーニング指導に従事。書籍の執筆や講演会、勉強会の講師など幅広く活躍している。一般社団法人視覚トレーニング協会・代表理事。兵庫県立特別支援教育センター相談員。関西国際大学教育学部・非常勤講師。著書・監修書に『発達の気になる子の学習・運動が楽しくなるビジョントレーニング』『「眼の筋トレ」でスッキリ！よく見える！1日3分ビジョントレーニング』（ナツメ社）、『学ぶことが大好きになるビジョントレーニング』（図書文化社）、『発達障害の子のビジョン・トレーニング』（講談社）、『眼を動かすだけ1分間超集中法』（光文社）など多数。

楽しくビジョントレーニング　北出勝也のブログ
https://ameblo.jp/visiontraining
ビジョントレーニングインストラクターZOOM講座
https://visiontraining.biz/zoomkouza

STAFF

カバーデザイン
カラノキデザイン制作室

本文デザイン
滝田 梓（WILL）

カバーイラスト
キムラみのる

本文イラスト
田原直子・赤川ちかこ・ヤマハチ

めいろ制作（ワーク21〜23）
やまおかゆか

編集
片岡弘子・秋田葉子（WILL）
小川由希子・鈴木志野

DTP
小林真美・新井麻衣子（WILL）

校正
村井みちよ

編集担当
齋藤友里（ナツメ出版企画株式会社）

本書に関するお問い合わせは、書名・発行日・該当ページを明記の上、下記のいずれかの方法にてお送りください。
電話でのお問い合わせはお受けしておりません。
・ナツメ社webサイトの問い合わせフォーム
　https://www.natsume.co.jp/contact
・FAX（03-3291-1305）
・郵送（下記、ナツメ出版企画株式会社宛て）
なお、回答までに日にちをいただく場合があります。正誤のお問い合わせ以外の書籍内容に関する解説・個別の相談は行っておりません。あらかじめご了承ください。

学習・運動が好きになる
がくしゅう うんどう す

1日5分！ 眼と体を楽しく動かす ビジョントレーニング・ワークブック
にち ふん め からだ たの うご

2020年7月6日　初版発行
2024年2月20日　第11刷発行

監修者　北出勝也
きた で かつ や　　　　　　　　　　　　　　　Kitade Katsuya, 2020
発行者　田村正隆

発行所　株式会社ナツメ社
　　　　東京都千代田区神田神保町1-52 ナツメ社ビル1F（〒101-0051）
　　　　電話　03（3291）1257（代表）　FAX 03（3291）5761
　　　　振替　00130-1-58661

制　作　ナツメ出版企画株式会社
　　　　東京都千代田区神田神保町1-52 ナツメ社ビル3F（〒101-0051）
　　　　電話　03（3295）3921（代表）

印刷所　図書印刷株式会社

テングラム・パズル型紙

ミシン目に沿って紙を本から切り取ります。その後、実線に沿って、10ピースの
パズルを切りはなし、ワーク136〜142と150〜152で使いましょう。

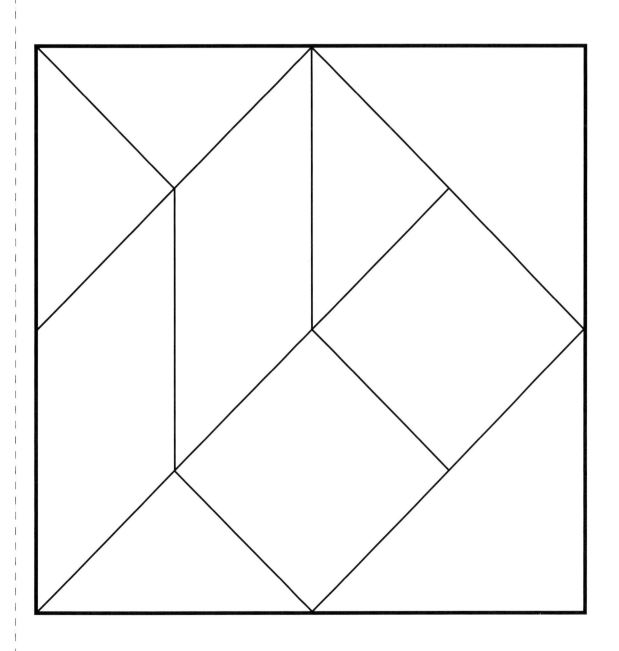

スティック・パズル型紙

ミシン目に沿って紙を本から切り取ります。その後、実線に沿って、24 ピースのパズルを切りはなし、ワーク 143 〜 152 で使いましょう。